ありました不登校あるある

親子支援ネットワーク♪あんだんて♪

まえがき

20年前、親子支援ネットワーク♪あんだんて♪を始めたとき、こんなに長く活動を続けているとは思っていませんでした。7、8年もすれば不登校は少なくなり、♪あんだんて♪の活動も必要なくなっていればいいと思っていたのです。しかし現実には、コロナ禍の影響もありますが不登校の子どもの数は年々増え続けています。スタッフ同士のつながりは何物にも代えがたい大切なものですし、ご支援くださる方々には言葉で言い表せないほど感謝しつつも、20周年を素直に喜べないのはそんな背景があるからです。

♪あんだんて♪の起源は、不登校の子を持つ親たちが不登校の勉強会に参加していたことに遡ります。そこでは毎週末に、心理、福祉、教育の専門家や小児科医、カウンセラー、ジャーナリスト、フリースクールの指導者、親の会の世話人といった多彩な講師の講演を聴くことができました。その後、有志9名が集まって親の会をつくり、機関誌や情報誌の発行などを始めました。

情報誌の取材のために、小児科、心療内科、教育相談、大学の心理相談室、定時制高校・通信制高校・教育委員会など、不登校の支援に関連する機関に出かけて行っては話をうかがいました。当時はインターネットも今ほど普及しておらず、私たちは子どもの成長をどう見守っていけばよいのかと、情報の少ない中で懸命に模索していました。そして、取材した内容をお互いに共有していく中で、子どもたちにどんな支援が必要であり、どんなふうに元気を取り戻して成長していくかがわかってきました。取材を始めた当初は「不登校のわが子のために何をしたらいいのか？」という思いでしたが、学校に行けない子どもと家で向き合ってばかりいないで、共通の目的を持つ親同士で活動し、今まで直接出会ったことのない専門家の話を聴くこと自体が新鮮でわくわくする体験でもありました。また、こうして得た情報や知識が、同じように悩んでいる親御さんとその子どもたちにも役に立っているということが一層励みになっていました。

こうしてできた最初の情報誌の発行をきっかけに、2003年4月に親子支援ネットワーク♪あんだんて♪は始まったのです。しばらくして、大手新聞に♪あんだんて♪の情報誌が取り上げられると注文の電話が殺到し、私たちはその応対に追われるようになりました。その電話で本の注文とともに悩みを話す方がほとんどで、こんなにも多くの親御さんが悩み苦しんでいるのだという現実を知ることになりました。

その後スタッフは、自分たちが何でも話せて支え合える場がほしくなり、お小遣いを出し合って小さなビルの1室を借り、親の会を始めました。そこに次々と子どもの不登校で悩む親御さんたちが集まり、おしゃべりしては気持ちが楽になって帰っていくのでした。それはまるで雨風の中を飛び疲れた親鳥が、少し休んでまた子の待つ巣に帰っていくように、小さいけれどほっと安らげる止まり木のような役割が♪あんだんて♪にはありました。

そのような活動を続けてきた20年の間には何度か財政上の危機がありました。その度に、「この場をなくしてはならない」という強い思いに突き動かされて、会員さんにご寄付をお願いしたり、新聞社やNPO支援機関を訪ねたりしました。そんな私たちに寄せられる応援の声に支えられ、この活動を続けてこられたと思います。

これまでの来し方をふり返ると、♪あんだんて♪の親の会は、宗教や政治とは関係なく一人ひとりの存在が認められ、だれの子どものほうがよくて、何がより優秀かという優劣はなく、早く学校復帰できた方がよいという価値観もなく、ただただ苦しんでいる子どもが元気になって自分らしく生きていけることを互いに喜び合う親たちの集まりになっています。そして、自分の経験や一つの理論、側面、考え方に偏ることなく、実際に日々の生活の中で起きる悩みや困りごとを互いに分かち合って話し合い、それぞれの家庭や親子関係に合ったやり方で対応しながら毎日を過ごしていくのです。そして何よりも私たちスタッフ自身が、わが子の不登校から始めたこの活動を通じて支えられ、学び、親としてまた人として成長して来れたと思います。

この本は、♪あんだんて♪のスタッフや20年の活動の中で出会った親御さんが、不登校の子どもと暮らす中で経験してきた「あるある」を集めたものです。♪あんだんて♪に直接来られない方にもこの本を読んでいただき、この本が親御さんと子どもたちの心の支えになりますようにと願っています。

ボサァ
太った？
ぽっちゃり…

第3章　家族との関係　編

これが
この子の全てじゃない…
けど気になる
成績表

第6章　どこに相談する？　編

話してるわ〜

第9章　進路のこと　編

第1章

行き渋り 編

あるある
1

無理やり学校へ連れて行く

今ではもう無理やり子どもを学校へ連れて行くのはよくないというのが通説になってきているようには思いますが、そうはいっても子どもが「学校へ行きたくない」と言ったとき、すぐに休ませることのできる親御さんはどれほどいらっしゃるでしょうか。1日2日は許せても、それが1週間2週間と続くとどうでしょう。

うちの場合、家から引きずり出して玄関の鍵を掛け、「早く行きなさい！」と怒鳴っていました。「おかあさんおかあさん」

とドアを叩きながら、泣き叫ぶ子どもの声が今でも思い出されて胸が痛みます。当時の私はとにかく学校へ行かせなくてはと必死でした。また、わがままだとかがんばりがたりないとか、子どもを責めるようなことばかり言っていました。学校まで付き添って登校もしましたが、学校の建物が見えると子どもは顔面蒼白になり、歩みが遅くなります。学校に着いてからも私から離れられず、教室や廊下の隅で待っているときもありました。車で連れて行ってどうしても車から降りることができず、親子で泣きながら引き返した日もありましたし、玄関先で石のように固まってどうにも動けない日もありました。

ある日夫が仕事を休んで、子どもを学校へ連れて行きました。そして、迎えに出た校長先生の前で「おとうちゃんおとうちゃん」と泣きじゃくりながらしがみついてくる子どもの姿を目の当たりにして、夫は「これ以上したら子どもが壊れてしまう。もう無理に連れて行くのはやめよう」と言ったのです。そのときようやく、学校へ行かせることをあきらめたのでした。

それにしても、なぜそこまでして学校へ行かせようとしていたのでしょうか。私にとって学校は、多少嫌なことがあっても行くのが当たり前でした。特にしつけに厳しいとか、教育熱心な家庭で育ったわけではありません。しかし学生時代は真面目でどちらかと言えば優等生でしたので、母親としても優等生でなくてはならないと思い込んでいたような気がします。周りから上手に子どもを育てているねと思われたかったですし、「過保護だ」「母親の分離不安だ」などと言われることを恐れていたような気がします。そして、学校や先生の手を煩わせるような家庭であってはいけなかった。そんな思い込みや世間体を気にする気持ちに縛られて、なかなか子どものしんどさを理解し、受け止めることができなかったのだと思います。

あるある
2

どうして学校に行けないの？

どうして学校に行けないのか、わが子の不登校を経験して20年以上経っても、答えは見つかりません。もちろんいろんな状況が重なって起こったことだとはわかっているのですが、それでもわが子のこととなると「なぜ？」と思ってしまうのです。

毎朝登校できない子どもを、なんとかして行かせようとしたことが2度あります。1度目は玄関で立ちすくむ子どもの姿を見て驚きました。なんとかしようと普通なら5分で行ける学校へ2時間かけて行ったこともあります。私なりに無理をさせないようにと思ったのでしょう、手を引くことはありませんでしたが、学校に行けないと身体が拒否している子どもを無理やり連れていこうとしていたことは確かで、人の目にさらされながら時間をかけて登校させることは、子どもにとっては手を引くよりつらかったかもしれません。しかし、私にはそんな子どもの気持ちを感じる余裕は全くありませんでした。それでも校舎に入った途端、「学校が怖い」と顔を引きつらせたことは鮮明に覚えています。何が怖かったのかは子ども自身も覚えていないようですが、今思えば子どもの自主性を尊重してくださる担任の先生で、子どもたちはのびのびと過ごしてはいたけれど、教室内が少し混沌としていたようで、その状況がつらかったのかもしれないと感じています。

2度目の時は子どもにもプライドがあるかと思い、無理に連れて行くことはしませんでしたが、「なぜ行けないのか?」と毎日問い詰めて先生に伝えていました。ただ私はそれ以前から担任の先生への信頼を失っていたので、伝えたことで何かが変わるわけではないとわかっていました。それでもそこまで問い詰めていたのは、「学校に行かないなんて許さない」という思いに近いものを持っていたのかもしれません。この時間は子どもにとてもつらい記憶として残っていると思いますが、私自身も心がズタズタになるような時間でした。ただ、そうしている内に「学校が怖い」と顔を引きつらせたときのことを思い出し、学校生活に何か不安を感じている子どもに、もうこれ以上無理をさせてはいけないと思ったことを覚えています。

そんなわが子も、楽しく学校生活を送れていた時期があります。そのときは担任の先生や友だちにも恵まれ、子どもが安心して過ごせていたのだなと感じます。「学校に行けない」と言ったとき、その教室がその子にとって「安心して過ごせる場所」になっていたのかという視点で振り返ると、「学校が怖い」という言葉の意味も少しわかるような気がします。

あるある
3

周りに理解してもらえない

「今日も休みます」と学校へ連絡を入れたとき、先生からは「学校に来たら普通にしていますよ。がんばって連れてこられませんか？」とよく言われました。そう言われても学校へ行かせることがどれほど大変か、その場を見ていない人にはなかなか理解してもらえません。

子どもは前夜から不安と緊張で眠れず、朝起こしても登校準備にたいへん時間がかかっていたり、親が仕事の都合をつけて送迎している場合もあります。親ならそれぐらい当たり前、それぐらいしてでも学校へ行かせるべきと言われると、負担を感じているとことを口に出すことすらできません。また、子ども自身も学校ではたいへん気を張って無理して普通を装っているということも多く、元気な姿を見せた翌日にまた休むということを繰り返したりしていると、子どもの本来のしんどさを理解してもらいにくいのです。

父親も夜のくつろいでいる時間しか知らないと、気楽そうにゲームをしている姿だけを見て怠けていると思ったり、一方的に「明日は学校へ行け」と言ったり、母親が甘やかしているからだと責めたりもします。また、それまで親しくしていたママ友に「うちならひっぱたいても連れて行くけどな」「おうちがよっぽど居心地いいのね」などと言われて、傷つくこともありました。ほかにも、祖父母の理解を得られずつらかった、子どもが不登校であることをずっと言えなかったという方もいます。

何ごともそうですが、不登校の子どもや親のしんどさは、経験していない方にはなかなか理解してもらえないのかもしれません。もちろん経験が無くても、寄り添い、理解しようと努めてくださる方もたくさんいます。しかし、親自身もまだ今の子どもの状況や心情を理解して共感しきれていないとき、理解してもらえない人に理解してもらおうと努力するのは、たいへんエネルギーを使います。かえっていろいろなことを言われて混乱したり、余計にしんどくなったりしますので、そういう人とはそっと距離を取るというのが一番いいかもしれません。

あるある
4

どこに相談へ行けばいいかわからない

とりあえず今は休ませるしかないとわかっていても、それが長期化してくると、この先どうなるのかと不安が募ります。私の場合は「親として何かできることはないか」と動き回って学校にさまざまな要望を出したり、相談窓口を渡り歩いたり、子どもが行けそうな居場所を探したりしました。

相談先で良い支援者との出会いがあり、適切なアドバイスをもらって救われたこともありますが、行く先々で違うことを言われて混乱したり、これまでの子育てを否定されて責められたような気持ちになったり、子どもから余計なことをしていると反発を受けたりして、かえってつらくなることもありました。

相談機関でも医療機関でも、まずは親がそこへ行くとほっとできたり、少しでも心が軽くなると感じられるかどうかが重要だと思います。親が楽になればそばにいる子どももきっと楽になるはずです。たとえ世間の評判がいいと言われているところや学校からの紹介でも、ご自分に合わないと思うのであれば、無理して通い続ける必要はないと思います。相談者との相性もあるので同じ所でも「行ってよかった」という方もいれば、行くとかえってしんどくなったという方もいるのです。

私のように不安なあまりさまざまな相談機関や支援先を探し回る親がいる一方で、どこにも相談に行かなかったという方もいます。相談に行きたくても地元に相談機関がなかったり、あったとしても小さな町で人目に付くから行きにくかったり、時間的に無理だったたり、初めに行った相談先でひどく傷ついて他を探す気力も無くなったという方もいます。

そもそも、人に話を聞いてもらうということは案外エネルギーが必要で、「相談に行くことすらできないほどしんどかった」という方も少なくありません。ただただ悶々とする日々や、家事をしながら涙するような日々を送りながら少しずつ心身を休めて、何年か経ってようやく支援先につながったり、つらかった気持ちを話せるようになったという方もいるのです。

あるある

5

学校へ行くのをあきらめる

「それは突然やって来た」と、その当時は思っていました。ある朝、何度呼んでもなかなか起きてこないわが子に腹を立て、「起きなさい！」と手を引っ張ったのですが、まったく力がなく、手を離すとものが落ちるようにパタンと布団の上に落ちました。腕を引っ張り上げても、またパタン。そして、子どもの顔には表情がなく、真っ青。「なにが起こっているんだろう？」と怖くなりました。

思い起こしてみれば、それまでも朝なかなか起きられなかったり、起きても朝の支度に時間がかかるようになっていました。食欲がない日もあれば、食べても吐き気がしたり、トイレにこもって家を出る時間に間に合わなくなったりもしました。その度に心配ではありましたが、まさか学校に行けなくなるとは思っていませんでした。当時、不登校のことは話には聞いていましたが、まさか自分の子どもが行けなくなるとは思いもよらなかったです。起こすタイミングを計ったり、朝食はご飯がいいかパンがいいか悩んだりして、今から思うと笑ってしまいますが、当時は行き渋る子をなんとかして行かせようと一生懸命でした。

学校でいじめを受けていたことはわかっていて、担任の先生に相談にも行きましたが、なにも解決されずいじめが続いていました。それでも「学校に行かせなくては」という意識は手放せませんでした。しかし、あの日、まったく力が抜けてしまったわが子を見て、これ以上学校に行かせるのは無理だとやっとあきらめがついたのです。「もっと早く気づいてあげれば子どもが苦しい思いをしなくてすんだのに」という後悔もありますが、当時はインターネットも外からの情報もなく、仕方がなかったとも思います。

でも近年は、吐き気や腹痛が出てきた時点で病院に行き、医師からしばらく学校を休ませて様子を見るように言われ、子どもを休ませることができる親御さんも多いですね。20年前は病院や相談機関に行っても、子どもの甘えや子育てに問題があるとみなされることがあり、そうなると親も休ませるわけにはいきません。そして、まったく力の抜けた子どもの姿を目の前にしてはじめて、あきらめがついたのでした。

第２章

家での暮らし 編

あるある
6

人目を気にする

学校に行けなくなって家にいるのに、電話にも、インターフォンにも出ない子どもたち。そんな姿を見て親は「家にいるのだったらそれくらいしてよ」と言いたくなります。これは「先生だったら嫌だ」「昼間に家にいることを知られたくない」からだと親も納得しやすいのですが、部屋中の窓もカーテンも閉めて真夏でもエアコンを消しているとなると、「この子は大丈夫なのだろうか」と不安になります。

また、ひきこもらせてはいけないとやっとの思いで外出しても、車のシートに隠れたり、友だちと会わない時間帯を選んだりと人の目を気にすることが増えました。そんな子どもの姿を見て「堂々としていたらいいのに、気持ちの弱い子だ」と子どもをふがいなく感じることもありました。

また、私も知り合いに会って子どものことを聞かれるのが嫌で、だんだん人通りの多い時間帯や場所を避けて、遠くまで買い物に行くようになりました。子どもに堂々としていたらいいのにと言いながら、自分が人目を気にするようになっていたのです。

不登校になるということは当たり前にできると思われている「学校に通う」ことができなくなること。そのことで子ども自身が自分を責めて苦しく思っているのですから、人目が気になるのも仕方がないのです。

普通ならいるはずのない時間に家にいることを周囲に悟られたくないという思いも今ならわかります。途中から登校すること、昼間に外出することなども好奇の目で見られることだし、学校に行っていない今の自分を友だちに見られたくないのも当然なのです。後で「自分の存在を消していたかった」と聞き、それほどに苦しんでいたのかと胸が痛くなりました。

だんだんとエネルギーが貯まってくると家の中で堂々と暮らしたり、今まで行けなかった場所に行けたりするのですが、それまでは人目を気にしてびくびく暮らしている子どもを見ているのはつらいものですね。

あるある
7
昼夜逆転の生活

毎朝ガンガンに朝日を浴びているのに、すやすやと眠っている。「明日は起こして」と言っていたのに、いくら起こしても布団から出ようとしない。休み始めた当初は登校する時間に起きていた子どもも、徐々に起きるのが遅くなることがよくあります。きょうだいから「なんで起きてこないの？　ずるい！」と言われたり、父親から責められたりしますが、そんな子どもの姿を見て私自身が「学校には行けなくても、せめて規則正しい生活をしてほしい」と何度も起こしては毎日落胆しているの

です。一時は朝が来るのが怖いとすら思っていました。

朝はみんなが出勤・登校などで家から出て行くために準備している時間。不登校の子どもにとってその時間は学校に行けない自分を意識させられることがつらくて、起きられないのです。「朝起きていくとみなに蹴飛ばされているような気がする」という子もいました。

真夜中に子ども部屋から灯が漏れていて「電気を消さないと寝られないのでは？」と聞くと、「真っ暗になるといろいろな不安が押し寄せてきて寝ることができない」とつらそうな表情を見せることもありました。また、同じような生活をしている人がいることを知って「よかった。これが不登校の普通の生活なんだ」とほっとした表情を見せたことにもびっくりしました。「自分勝手な生活」と言われることも多い昼夜逆転の生活ですが、彼らが自分自身を責めて苦しんでいることもあるのだと感じ、胸が痛くなります。

また、周囲が寝静まった深夜にラジオを聞いたりして、その空間が自分にとって安心できる場所になっていたと言う子もいます。近頃ではオンラインゲームで一緒に遊ぶために遅い時間に約束をしている子もいるようで、「彼らにとってはそこが大切な居場所になっている場合もある」と聞くと、昼夜逆転の生活もちょっと許せる気になります。

そうはいっても、やっぱり生活のリズムが家族と合わず昼まで寝ている子を見て、イライラすることもあります。そして時には「起きろ!!」と叫びたくなってしまうのです。

あるある
8

ゲーム依存の心配

子どもが家にいるようになって必ずといってよいほど出てくるのが、「こんなにゲームばかりしていて大丈夫？」という心配です。子どもはご飯も家族と食べないで自室にこもってしまい、中で何をしているかわからない状態。「ずっとゲームをしているようだが、ゲーム依存にならないか？」と心配はつきません。ゲームをしなくても、ソファやベッドの上で一日中スマホを見ていることもあって、ネット依存ではないかと心配になってきます。

休み始めた当初は何も手につかない状態だけれど、時間はたっぷりあります。そして、じっとしていると学校に行けていないことに罪悪感を感じたり、将来への不安などで悩んでいます。でも人目が気になって外には出られないし、一人でできることと言ったらゲームをするかスマホを見ることしかできません。つまり、ゲームやスマホをしている間だけは悩まずに済んでいるのです。

そのような子どもの心中を知ってか知らずか、心配しながらも見守っている親が多いのですが、中にはスマホを取り上げたり、Ｗｉ-ｆｉを切ったり、もっと強硬手段に出る親もいて、急にゲームをしている最中にプツンと切ったということも聞いています。このように無理やりやめさせた場合、子どもが自室にひきこもって鍵をかけるなどして、親とのコミュニケーションを断ってしまうこともあります。親と一言も口を利かなくなる子もいて、そうなるとコミュニケーションがとれる関係まで回復するのにかなり時間がかかっています。

不登校になると友だちや先生との接触も滅多になく、親ときょうだいだけが、生身のつきあいです。リアルな関係が絶たれてしまうと、ネット上の仮想世界での関わりだけになってしまい、寂しさから優しくしてくれる危険な人物に惹かれていくだけでなく、仮想世界にこもってしまって出られなくなるようにもなります。そのため、ゲームやスマホは今しんどい子どもには必要なものと認め、親子のコミュニケーションの通路を開けておくようにしたほうが良いと思います。心を開いて話せる親子関係があると、依存ではなくゲーム・ネットを使って子どもが自分の世界を広げていくことができます。

そして、親子で食事に出かけたり、映画鑑賞、好きなアイドルのLIVE、スポーツ、キャンプ、釣りなど、子どもの好きなことを一緒にリアルに楽しむ機会を持ってください。不登校だからといって、毎日悩んでいなくてもよいのです。

あるある
9

身だしなみに気を遣わない

不登校になって家での生活が始まると、昼夜逆転の他にも歯磨きをしない、お風呂に入らない、着替えをしないなど今まで当たり前にやっていたことをやらなくなってしまうことがよくあります。食事を取る時間も不規則で、生活全体がだらけた感じになるので、親としては「学校に行けなくてもせめてちゃんと生活してよ」とイライラが募ります。

また、散髪も行かずに髪は伸びっぱなし、新しい服を買いに行くのも嫌がってぼろぼろのジャージを着ていたり、家でじっとしているので体重が増えたりで、その姿を見ているだけでため息が出てしまいます。学校に行っていない上にこんな状態が続くと、身体に影響が出るのではないかと心配になってついつい怒ってしまい、そんな自分が嫌になることもありました。

そんな子どもの姿を見て、体がしんどくてもう何をやるエネルギーもないという状態なのかと思ってみたり、歯磨きなど身支度をすると「周囲の人が学校に行くと期待するからやらない」と子どもなりに考えているのかなと感じることもありました。散髪はお店の人に話しかけられるのが嫌で、それなら自分で切るほうがいいとも言います。もしかすると、子ども自身は単純に「どこにも行かず家にいるのだから必要がない」と思っていたのかもしれません。

確かにしばらくすると、その子なりに必要だと感じたことはやるようになります。特にほしいゲームや本を買いに行くなど、行きたいと思う場所ができて出かけるとなると、お風呂に入り、歯も磨き、着替えもちゃんとして身だしなみを整えます。中には気合いを入れて自分の身を守るかのように少し着飾ったりする子さえいます。ただ、何もないときは相変わらずだらけた生活をしているので「都合のいいときだけ勝手なものだ」と思っていました。

あるある
10

家にこもっていて不安

不登校になった子どもは、どうしても家にこもりがちになります。学校に行かず友だちにも会わず、それまで行っていた習いごとや塾からも足が遠のき、家族との会話も途絶えがちで家の中で足音さえ潜めるように暮らしているわが子。この先この子はいったいどうなっていくのか、「このままひきこもったらどうしよう」と思ってとても不安でした。教室に行くのがしんどいのなら別室やフリースクールに行けないかと誘ってみても、「そんな不登校の子が行くところには行きたくない」と

子どもに言われ、途方に暮れてしまいました。また、子ども自身が「自分はひきこもりになるんだろうか」と不安を訴えることもあります。

やっとの思いで相談に行って「今はそれが必要な時期」「ゆっくり待てば大丈夫」と言われましたが、目の前にいる子どもを見ていると信じることもできません。親自身も外に出ると、知り合いに会うのが嫌でこもりがちになってしまいました。

今思うと、不登校の子どもが一時期友だちや周囲との関係を絶って安心だと思える場所でひきこもることは、自分を守るためにも必要なことなのでしょう。親としてはもちろん心配ですが、その時間を保障することも大切なのだと今は思います。また、親からは「孤独」に見えたこの時期に、子どもが大きく成長したことも確かなことです。「中学時代を留学して過ごした子もいるけれど、自分は家で過ごした」という子もいます。何もせずムダに過ごしているように見えますが、自分を深く見つめ直して「自分は自分」という意志の強さを身につけ、次のステップに進んでいったのだと感じています。

ただ、当時はひきこもりが問題視されて、事件の報道も相次いでいたので「ひきこもり」という言葉にとても敏感になっていました。それは今も変わらないかと思います。目の前の子どもが徐々に落ち着いて家の中で元気に暮らし、成長していても、外出したり誰かと会うことがあまりなければ「ひきこもっている」と周囲から見られます。特に不安は周囲からのプレッシャーでより大きくなってしまうという面もあり、「大丈夫だ」と思っていても、そのままではダメだという言葉や視線を感じると、気持ちも大きく揺れてしまうのです。

あるある

11

友だちがいなくて心配

不登校になっても友だちとの関わりが続く子もいますが、最初はときどき遊びに来てくれていても、だんだん足が遠のいていくことも多いです。今はSNSなどで不登校になった後も友だち関係が続く場合があり、うらやましいとも思いますが、トラブルになることもあると聞くので、親御さんも心配されるかと思います。いじめなど友だちとの関係が原因のひとつだったりする場合には、関係を断たざるを得ないこともあります。

親の判断で友だち関係を断つことは本当に苦しく、納得のいかないことです。ただ担任の先生などと協力して対応できなければ子どもの苦しみは増すばかりで、子どもを守るためには仕方がなく、断腸の思いです。一度友だちとの関係を断つと再び会う機会を作ることも難しいので、一人孤独に暮らすわが子を見てはこうならざるを得なかったことを恨み、この先もう友だちを作ることができないのでは？　と絶望的な気持ちになります。親には「友だちは多い方がいい」「みんなで仲良く」という価値観が深く刷り込まれているので、このままでは社会性が育たない、集団生活をする力が身につかないといつも不安です。

また、親の周りにもさまざまな助言をする人や、子どものことを詮索する人が増えていきます。もちろん私のことを思ってのことだとは思うのですが、中には不躾にものを言う人もいて、そういう人たちとは徐々に疎遠になっていきました。このときはもちろん親も孤独ですが、少し気持ちが楽になることもあり、「子どもたちはもっとしんどい環境にいて、その中で不登校になるくらいにつらい思いをしていたのだ」と気づきました。そして、子どももまずは一旦そこから離れて安全な場所でゆっくり休み、家族や信頼できる人との関わりを大事にしてほしいという思いになっていきました。

ゆっくり休んだ子どもは徐々にエネルギーを貯めていきます。そして家族や信頼できる人たちとの関わりを大切にしていると、だんだんとつながりが広がっていきます。また、行動範囲が広がるにつれ異年齢の人との出会いが増えたり、子ども同士で距離の取り方を図るようになったりします。近年はネットでの関わりも大切なツールになっていて、ネットの中で友だちを作り、人間関係を学ぶという子も多く、リアルの世界と変らないこともあるようです。あの頃のことは思い出すと胸が痛みますが、子どもの持つ力を信じていればなんとかなるのだと今は思います。

あるある 12

勉強しなくて大丈夫？

多くの親が不登校でも勉強してほしいと思っていることでしょう。それは本人のためでもあるし、勉強が遅れたらますます学校に行きにくくなると思うからです。でも現実は、教科書やドリルは真新しいまま開かれることもなく積み上がり、かろうじて行っていた塾も辞めてしまったという子がほとんどです。そして相談先でも、「勉強はエネルギーが貯まってから」と言われることも多いです。しかし、本当にこんなに勉強しなくて大丈夫なの？　という不安は消えません。

わが子の場合、九九も習う前、漢字で自分の名前も書けない頃から不登校になったので、さすがにほっとくわけにはいかないと、学校の時間割通りに過ごさせたり、子どもと一緒に宿題やドリルをしたりしましたが、長続きはせず親子関係が悪くなるばかりでした。

不登校になった子どもは、休みはじめの頃はぼんやりしていても、次第に落ち着いてくると「ひまだ～～」と言い出して、何か好きなことを見つけてやり始めます。それはゲームだったり落書きだったり、親からしたらムダであまり役に立ちそうにないことが多いのですが、そうしてエネルギーを貯めているのだと思います。そのうち、いろいろなことに興味を持ち始め「もっと知りたい」「もっと上手くなりたい」という意欲が出てきて、それが学び直しのきっかけになることが多いようです。

私はそれまで勉強はコツコツとカリキュラム通り、一年生二年生…、1章2章…と進めていく努力の積み重ねだと思っていました。でも子どもを見ていて、自分の興味あることから学んでいく方法もあるのだと知りました。本人の意欲が高いので、多少の困難も乗り越えるし、上達も早いように思えます。もちろん抜け落ちている知識や科目もあります。でも、苦手なものはそのままに、得意分野で伸びていくのです。好きなことをして生き生きしている姿を見て、そういう学び方、生き方もあるのだなと思うようになりました。

さて、小学校の低学年から不登校になったわが子ですが、勉強を始めたのは高校受験を意識した頃からでした。ゼロあるいはマイナスからの出発かと思いましたが、日常生活の中でも学ぶことはあったようで、父親と欠かさず見ていたニュースや報道番組から知識を仕入れていたのか、社会科系統は得意分野となりました。数学などは苦労していたと思いますが、受験は得意科目を活かして乗り切ったようです。

あるある

13 子どもの要求の対応に迷う

子どもが学校に行けなくなった当初は、本当に元気がなくあまり言葉も発しません。せめて好きな物でも作ろうと「何が食べたい？」と聞いても答えなかったり「何でもいい」と言ったりします。

そんな状態なので少しでも「〜がほしい」「〜がしたい」と言いはじめたとき、親は「学校に行っていないのに」とか「勉強もしていないのに」と思う一方で、それで元気になれたり、学校に行くようになるのだったらかなえてやりたいと思ってしまいます。でも周囲の人に「そんなわがままをさせて…」と批判されて、板挟みになることもよくあります。

いろいろと要求がでてくるのは子どもにエネルギーが貯まってきてからということが多いのですが、ときには親が自分の要求にどれだけ応えてくれるかを試している場合もあります。子どもが自発的に「~がしたい」「~がほしい」という欲求することは成長過程においての当たり前のことで、要求をかなえるために試行錯誤したり、親と交渉することも社会経験のひとつなのでしょう。とはいうものの、金額的に難しいような場合には「お小遣いの範囲内で」などと子どもたちと取り決める方がいいときもあります。いずれにせよ、親子が話し合って折り合いをつけながら決めるプロセスが大事なのかもしれません。

ただ、わが子はあまり自分の要求を言葉にすることがなく、子どもからいろいろ要求されることを大変だろうと思いながらも、うらやましく感じることもありました。なんとか要求を引き出そうと声をかけたりしましたが、よく考えれば「とにかくしばらく何もしないで休ませて」と心の叫びのようなものを発していて、それが最大の要求だったかもしれません。

そして、今思うのは本当にほしいものややりたいことは、親に言わずに自分の心の中で温めていたのではないかということ。言えば親が「それならば」とどんどん先走ってしまい、自分の気持ちが追いつかなくなりそうで伝えるタイミングを計っていることも多いのではないかと感じるのです。親が思っている以上に子どもにこちらの魂胆を見透かされていて、ちょっと悔しかったりします。

あるある

14

甘えにとまどう

不登校になると、子どもは不安が強くなって「幼児返り」というのでしょうか、大きな子どもでもべたべたと身体接触を求めることがあります。

特に男の子の場合は、自分よりも背が高い子が膝の上に乗ってきたりすると、「うちの子は異常なのでは？」と心配になったりしますが、これも気持ちが落ち着くまでと考えて親は甘えさせます。休み始めてしばらくは、眠れなかったり食欲がなくなったり、笑顔も消え、お風呂にも入らなくなったりするので、それまでは容認しなかったことも、子どもが元気になるためだったら何でもしてあげようと思うのです。

でも、少し元気になって普通に会話したり食事をするようになると、「こんなこといつまでやってるの？」と心配になってきます。小さい頃からの子育てを振り返って「自分は子どもが安心して甘えられない厳しい母親だったのか？」と自責の念に駆られたり、次の日には逆に「甘やかして育ててしまったのか？」と反省したり、スキンシップを求めてくる子どもにどう対応するのがよいかわからなくなってしまいます。

考えてみれば、不登校になるほど心身が疲れてしまい、不安でいっぱいになった子どもが親に安心感を求めてくるのは自然な行動ではないでしょうか。子どもの心が「何があっても親は見捨てない、大丈夫」という安心感で満たされてくると、だんだん甘えることもなくなってきます。

でもね、頭でわかっていても大きくなった子どもに始終スキンシップを求められると、母親も疲れてきてイライラすることもあるのです。

あるある
15

子どもが荒れる

不登校になり精神的に不安定になっているとき、家族に暴力をふるったり物を壊したりする子がいます。本人がそうせずにはいられないほど苦しんでいるのだと推測できますが、一緒に暮らす家族にとっては、びっくりして家庭が緊張する場になってしまいます。

完全に学校に行けなくなった当初は、本人も不安や焦りでいっぱいで、気持ちをどこに持っていったらよいのかわからなくなるのでしょう。母親に対して暴力が出るときは、父親が単身赴任であったり多忙な職場だったりして、家の中での父親の存在感が希薄な印象があります。

子どもは、自分の苦しさを親が理解してくれないと感じると、「わかってほしいのになぜわかってくれないのか！」という怒りがわき、それが荒れた行動になって出てきているように思います。例えば、ゲームのやり過ぎを心配した親が無理やりゲームをやめさせようとして、本人と取っ組み合いのバトルになってしまうこともあります。ある母親は子どもの感情が抑えられなくなったとき、その場を離れて外へ出ていったと言います。そして、ほとぼりが冷めたら、ゆっくり本人の気持ちに耳を傾けて聴いていたようです。そのように、親子で日常の何げない会話を続けていくことが大事なのでしょう。

また、きょうだいで多いのが、弟妹に対するいじめです。特に年齢が小さい場合、自分より親に可愛がられている（と本人が思っている）弟妹が学校や幼稚園を休まないで行っていたりすると、叩くこともあれば、冷たくしたりイライラをぶつけて泣かせるなどして、親が対応に困ることがあります。そして親も不登校になってしんどい子どもを斟酌なく怒ることもできないし、弟妹がかわいそうにも思うし、その狭間で悩みます。本人は、「学校に行っていない自分でも愛してくれるのか？」と自覚していないけれど親の愛情を試しているのかもしれません。あるお母さんは、不登校の子と二人でいるとき、弟妹と二人になったとき、それぞれに子どもの好きな食べ物と一緒に子どもの話を聴くことに努めたそうです。

とはいえ、お母さん自身もほっと肩の力を抜く時間がほしいですよね。ゆっくり話を聴いてくれる場所や人を見つけて自分を労わってあげてください。

あるある

16

一人にするのが心配

子どもが一番不安定なとき、死にたいとか消えてしまいたいなど、ドキッとするような言葉を投げかけてくるときがありました。また、昼間は不機嫌でふて腐れた態度でも、夜になると「生まれてきてごめんね」などと言って思い詰めている様子を見ると、ひどく不安にもなりました。

外から帰ったとき、子どもが朝と同じ状態でベッドで寝ていて、思わず息をしているか確かめたこともあります。自傷行為や摂食障害といった生命に直接関わるような症状が出る方もいて、そうなると子どもを一人置いて外出することもはばかられ、子どもが心配で仕事を辞めましたという方もいます。

心配ではありますが、一日中狭い家で顔を付き合わせているとお互いに息もつまり、言わなくてもいいことを言って傷つけてしまったり、子どものしんどさに引きずり込まれ、親子共々ますます気持ちが落ち込んでいくということもあります。子どもの精神状態が不安定で本当に目が離せないときには、一人で抱え込まずに、信頼できる誰かに代わってもらう、身近な家族などに支えてもらうなど、親自身が助けを求めてもよいと思います。お互いにとって適度な距離感を保つことは大切ですし、親にも休息は必要です。ときには子どものことを忘れて、仕事や趣味に没頭する時間があってもいいのではないでしょうか。

しかしながら「親も自分の時間を大切にしたらいいんだ」と思って無理して一人で外出してみても、結局子どものことが気になって楽しめなかったり、後ろめたい気持ちになったりして、気晴らしになるどころかかえって疲れてしまうこともあります。そういうときは無理に外出する必要もないと思います。「子どもは子ども、親は親」と少し客観視して子どもを見守れるようになるには、結構時間がかかるものです。

あるある
17

子どもから離れたい

「子どもを信じて見守りましょう」「エネルギーが貯まればまた動きだします」とよく言われますが、毎日子どもが家にいるといったいいつまでこの生活が続くのかと途方に暮れます。うちは小学校低学年からの不登校でしたので、子どもと一緒にいる時間が非常に長くとても負担でした。

長時間の留守番が心配な年齢でしたので、何処へ行くにも子どもを連れて行かなくてはなりません。給食がないので毎日お昼ご飯も用意する必要があります。放課後になると近所の子どもたちがこちらの都合も気にせずどやどやと遊びに来て、その対応にも苦慮しました。生活習慣や生活リズムの乱れも中高生のように本人に任せて様子を見るというわけにはいかず、たいへん気を遣いましたし、小学生になって一旦手が離れたように思っていた子育てが、またふりだしに戻ったかのようでした。

一日中、それも毎日、子どもが家にいるという状況になかなか慣れず、自然に振る舞おうとしてかえって緊張感が生まれたりもしました。その頃は私も子どもも、家でくつろぐことはできていなかったように思います。一人になりたい、「いってらっしゃい」と家族を見送って自分は一人で家でゆっくり過ごしたい、と願っていました。それはもしかしたら子どもも同じだったかもしれません。

子どもが家にいることが当たり前に思えるようになるまでには、数年かかりました。その頃にようやく、「この子はなかなか一筋縄ではいかないな」という親の覚悟も定まったように思います。

不思議なもので今振り返ると、途方に暮れた長いトンネルのような時間も一瞬であったように感じます。もっと子どもとの時間を大切に過ごせばよかったなと思いますが、渦中にいるときはなかなかそうは思えません。しかし、あの苦しい時間を経験したからこそ、のちに子どもが進路選択や人生における大きな決断をする際に、世間体や常識、周りの人の意見に惑わされることなく、子どもの希望や特性を尊重して応援することができたかなと思っています。

第3章

家族との関係 編

あるある

18
きょうだいの対応に悩む

きょうだいのうちの一人が不登校になると、それぞれの子どもの対応に非常に苦労します。不登校の子には「しんどかったら休んでいいんだよ」と言い、学校へ行っている子には「早く起きなさい」「遅刻するよ」「宿題したの？」と声をかけなければならないのです。学校へ行く子に「○○は休んでいてずるい」「私も休みたい」などと言われると「この子まで不登校になったらどうしよう」と思ってしまいました。

きょうだいで不登校になったら問題のある家庭だと思われるのではないか？　と世間体を気にする気持ちもありました。実際にきょうだいで不登校になったご家庭は結構あります。でもそれは育て方の問題ではなく、学校へ行かないという選択をしているきょうだいが身近にいるので、当然他のきょうだいもそれを選ぶ可能性が高くなるのも仕方がないことだと思います。

不登校をきっかけに、仲の良かったきょうだいの関係がギクシャクしてしまうこともあります。不登校の子どもが幼いきょうだいを理不尽にいじめたり、学校へ行っている子が不登校のきょうだいを馬鹿にしたり軽蔑したような態度をとったりすると、それぞれの子どもが葛藤やストレスを抱えているのだとわかるだけにとてもつらく胸が痛みました。

また、不登校になりたての頃はどうしても親の目がその子に向きがちで、学校へ行っている子に負担がかかっていることに気がつかないこともあります。いつの間にか学校との連絡係のような役割を担っていたり、「自分は心配をかけてはいけない」と悩みやつらさを抱え込んでいたりします。そのような場合は不登校の子がそれなりに落ち着いてきた頃、見計らったかのように問題行動を起こしたり、自分もしんどかったと訴えてきたりするものです。学校へ行っているのが当たり前だと思わずに、「よくがんばっているね」ともっと労いの言葉をかけてやればよかったなと今になって思います。

　このようにきょうだいそれぞれの対応には苦慮しますが、結局は「どちらも大切に思っている」ということを伝えていくしかないのだと思います。すぐには無理でも、やがて家族それぞれの生き方や価値観を認め合い、尊重できる関係になれるのではないかと思っています。

あるある
19
子どもの不登校で混乱するお父さん

多くの父親は、朝は早く出て行って夜は遅く帰ってくるので、子どもとゆっくり話す時間がありません。学校での子どもの様子をほとんど知らず、母親よりも情報が少ない中で、突然子どもが学校に行けなくなったとなれば、混乱もするでしょう。そして子ども本人が悪いのか、学校が悪いのか、子育てが悪かったのか…と、ひたすら負のスパイラルに入って考え込んでしまうのだと思います。

そして父親は社会を背負っている分、学校へ行けないわが子の将来を思って「何とかしなければいけない」と解決の手段を取ってしまうこともあります。中には、父親が子どもの処遇を決めて母親に指示し、自分の思うようにさせようとする場合もあり、そうなると子どもはますますエネルギーを失ってしまいます。近頃はお父さんも子どもを休ませることに理解があったり、不登校に関する情報収集に積極的だったりすることも多いのですが、日頃社会に接している時間が多い分、なかなか動き出せない子どもを目の前にすると、やきもきしてしまうのです。

そんな父親も、母親からの情報だったり親の会やカウンセリングに行ったりして、家にいる子どもの心の状態を理解するようになると、子どもをゆっくり見守るようになります。ある不登校経験者は、父親の変化をこのように述懐しています。「仮に父に理解がなかったとしたら…？　そう考えると、とてもとても気持ちが苦しくなってきます。おそらく父が不登校について理解のないままであったら、きっと今の私は元気でいられなかったと思います。父が変わってから、私も安心して家で休むことができましたし、その後外に出て行く力を蓄えることができました」

厳しい社会の中でがんばって仕事をしている父親も、はじめは不安と焦りで混乱するかと思いますが、やがて元気になって自分なりに道を見つけて歩き出すわが子を見て、「まっすぐにいかない人生だけど、自分とは違う生き方だけど、それもまたこの子らしい」と認めるようになるのです。そして、その陰には、子どもの盾になって外からのプレッシャーから子どもを守ってきた母親の汗と涙があることも忘れてはならないと思います。

あるある
20

夫婦間でギクシャクする

子どもが不登校になると、まずはお母さんが対応することが多く、お父さんの仕事が忙しかったり単身赴任だったりすると子どもの状態を共有できないこともあります。また、父親がわが子の不登校を受け入れられなかったりして、夫婦で方向性が合わずに関係がギクシャクしてしまうことがあります。

夫婦で不登校の情報が共有できないまま話し合っても、わかり合えないでお互いに苦しくなります。夫婦に上下関係があると、父親が母親の言うことをなかなか受け入れられない傾向があったり、父親が学歴がものをいう競争の激しい職場で働いていると、話し合うよりも毎日の焦りと不安を母親にぶつけていることがあります。そして、そのイライラや不安が子どもに向けられると、子どもはますますしんどくなってしまいます。

また、一般的には、母親が先に子どもの状態を理解して家で見守るようになり、父親も共通の理解をするようになることが多いのですが、中には父親が理解しているけれど母親のほうが学校を休むことに非常に不安があり、しんどい子どもをなんとかして学校に行かせようとしている場合もあります。それは学校とのやりとりや子どもと接する時間が長いので、母親のほうがストレスが大きいということもありますが、母親自身の生まれ育った環境、価値観、自分の親との関係も影響していると思います。つまり、良きにつけ悪しきにつけ、子どもの不登校によって、夫婦それぞれが生まれ育った親きょうだいとの関係の違いが表面化してくるのだと思います。

子どもの不登校について理解が合わない場合は、不登校には触れないところ、例えば週末のお出かけや趣味の時間などを共有することで、関係を保っていたという話もあります。また、夫婦関係が良好でなくても、母親は子どもの日常を見守り、父親は子どもを釣りに誘ったり一緒にゲームを楽しんだりして、それぞれのやり方で役割分担していることもあります。

あるある
21

祖父母や親戚との関わりはどうする？

子どもが不登校になると、祖父母にどう伝えるかも悩みのひとつです。特に同居していたり近くに住んでいたりすると、伝えないでいることはできません。子どもを一人にしておけないときに助けてもらったり、居場所のひとつになることもあるのですが、「どうして学校に行かないのか」などと責められてしまうとつらいです。祖父母の世代は学校に行くことが当然だったり、中には教育を受けることが難しかったという人もいるので、学校に行けないことを「わがままだ」と言われてし

まうこともあります。祖父母にとって孫は子どもとはまた違うかわいさがあり、心配のあまりだということもわかりますが、祖父母と関わることで子どもがつらそうにしていると距離を取りたくなります。

また、祖父母は親にとっては「自分の親」なので相談できて頼りになる相手でもありますが、自分たちの価値観や、少し学んで得た知識などでアドバイスされると、それが重荷になることもあります。そうなると、それまでの親子関係、配偶者の親なら結婚して以来の関係性も絡み合ってくることも多く、夫婦でも問題を共有できなければ一人思い悩んでしまいます。身近な人に理解してもらえないことで「なんで不登校になったの？」と子どものことを恨みたくなることもあり、もう八方塞がりです。

祖父母が離れたところにいたり、年に数回しか会わない場合はすぐに伝えなかった人もいます。正直に伝えないことで親は「自分たちが非難されることから逃げているのでは？」と自分を責めてしまいがちですが、変に「不登校」という色眼鏡で見られないのでいいかとも思います。学校のことを聞かれても子どもは案外上手くかわしているようで、自分自身のことをこれまでと変わりなく見てくれる祖父母の存在は大切なのでしょう。

ただ、お正月やお盆に祖父母の家に行って親戚の子どもたちに会うことは、相手が同年代だとしんどいと感じて「行きたくない」と言うこともあります。つきあいが悪い、わがままだと責められて関係が悪化することも多く、これも悩みのひとつでしたが、状況が落ち着いて事情を伝えれば、大抵はわかってもらえます。そして、大切なのは無理をしないで自分自身や子どもを守ることだと思います。

第４章

親だってしんどいのに 編

あるある
22

自分自身を責める

子育てはいつも不安と隣り合わせ。主に子育てを担う母親は、子どもに何かあったとき矢面に立つことも多く、なかなか自分の子育てに自信を持つことができません。

そんな不安の中で子どもが不登校になると、これまでやってきたことを振り返って「私の子育てが間違っていたのだろうか」と自分を責めてしまったり、何か心当たりがあると「あんなことをしたからだ」と自分を追い詰めてしまったりします。また、周囲の人にいろいろ言われたり、相談に行った先で「子どもさんをどんなふうに育ててこられましたか？」などと聞かれたりすると、ますます責められているような気持ちになります。不登校の原因は多岐にわたると理解し、誰にでも起こりうると言われてもこのように考えてしまうのは、それだけ母親が緊張と不安の中で子育てをしているからだと思います。

また、不登校の子どもを何とかしたいと相談に行ったり、本を読んだり講演を聴きに行って教えてもらった通りにしようと思うけれど、上手くできません。私は犬が苦手なのですが「犬を飼って散歩に行くようになり、再登校につながった」なんて話を聞くと、「不登校のわが子のために犬を飼うこともできないダメな私」と落ち込む日々。今では笑い話ですが、そんなふうに自分を責めていました。「子どもを見守る」「寄り添う」「まるごと愛する」という言葉も重たく感じながら過ごしていたように思います。

そんなとき、ある親の会の世話人さんに「親が元気になれば、子どもは自然と元気になる。親にできることはおいしいごはんを作ること、温かいお布団を用意するだけだよ」と言われました。はじめは半信半疑でした。でも、子どもを何とかしようという気持ちからだんだん「不登校の子と暮らす」という感じに肩の力が抜け始めると、子どもも少しずつ元気になっていった気がします。

とはいうものの、学校に行かず家にいる子どもの姿を見ると、やっぱりまた不安に駆られて「このままでいいのか？」と気持ちが堂々巡りをしていました。浮いたり沈んだり、子どもが学校に行けないとやはり親は思い悩んでしまうのです。

あるある

23

仕事を辞めるか迷う

不登校になると仕事を辞めるべきか悩むことがあります。「早く学校に行けるようになるには親（特に母親）が家にいたほうがいいでしょうか？」という相談もよくお聴きします。

「一人で平気」という子もいますし、中学生以降の思春期にもなると「一人の時間がほしい。親がいないほうがほっとできる」という感覚を持つようです。私の子どもは当時を振り返って、「ママが仕事休みだった毎週水曜日、家にいるのが鬱陶しかったわ」と言っていました。小学校低学年などの小さいお子さんは「家にいてほしい」と言われることも多いでしょうし、一人でお留守番をすることはまだ心配な年齢でもあります。いずれにしても、不登校で子どもが家にいる間、親が外で働くとなると、何かあったときに一人では危なくないか、お昼ごはんは一人でちゃんと食べるのかなど心配にきりはありません。

また、一人で家にいると何時間も自由な時間があり、ずっとゲームやYouTubeばかりしていないかも気になります。ただ、親も家にいると子どもの一挙手一投足が目に入ってしまうので、時間を自由に過ごしている子どもを見てイライラします。その分仕事に行ってしまえば、親の目に見えないもの、手の届かないことはどうしようもないと逆にあきらめられる部分もあるようにも思います。

そして、意外な発見もありました。「急に雨が降ってきたから洗濯物を入れておいたよ！」とか「宅配便が来たから受け取っておいたよ！」というように、一人でお留守番をしているからこそやってくれたことがあります。気を利かせることができる、言われなくても自主的に動けることに気づき、子どもの成長を感じて嬉しくなりました。

仕事を辞めるか続けるかはお子さんの年齢や性格、親の勤務体制にもよりますし、20年間相談を聴いていても結果的にどっちがよいのかはわかりません。ただ一つ思うことは、どんなに小さなお子さんでも、親だけで結論を出さずにどうしてほしいかをお子さん本人に聞いてみたほうがいいということです。「家で一人になるけれどお仕事どうしようかな。どう思う？」とストレート（率直）に話し合える（対話する）こと、その関係性が大事なのだと思います。

あるある
24

仕事との両立に悩むけど…

お母さんもう
仕事行くね
いってらっしゃーい…
ころっ
仕事中

朝、子どもが「学校に行きたくない！」と言い出したその瞬間から、仕事をしている親は「今日はお仕事休めない！　どうしよう⁉」とぐるぐる頭を回転させます。

バタバタと朝ごはんの用意をしながら布団から出てこない子どもに「行くの？　あと30分しかないよ」と早口で話しかけ、頭の中では子どもが学校へ行かない場合のシミュレーションをします。仕事に行くタイムリミットを逆算しつつ、学校への欠席の連絡、火を使わなくても一人で食べられるお昼ごはんの準備など、登校していたときと違う段取りに焦りが増し「それでなくても忙しいのに！」と誰にもぶつけられないイライラが募っていきます。

子どもを一人残して家を出ることが不安で後ろ髪を引かれつつも、出勤時間になったら行くしかないと覚悟をします。部屋に閉じこもっている子どもにわざと明るく「仕事いってきます」と声をかけても、返事はなし。玄関の鍵を締めながら、学校に行けないわが子を思うと悲しくて涙が出そうになりました。

でも、いつもの通勤の光景を見ながら職場が近づいてくると「今日はこれとこれをしないと…」と仕事のことで頭がいっぱいになります。職場の仲間には「おはようございます」といつもと変わらないトーンで、何もなかったように挨拶をしていました。

昼休みには「一人でちゃんとご飯食べているかな？」とふと気になったりもしますが、同僚ととりとめのない話で笑ったりしていると、沈んでいる気持ちが紛れます。勤務時間の間は職場や社外の人と仕事上の話をして黙々と仕事に集中する時間もあり、自然と子どものことをコロッと忘れていることもありました。

このように仕事をして「不登校の子どもがいる親」ではない時間ができたり、家族とは別のコミュニティがあることは、息の詰まりがちな重い空気の不登校の家庭には、とても貴重なことなのだと思います。

あるある
25

職場との共有が難しい

子どもが不登校でも仕事をしている方の場合、学校に行かない日が続くと、職場の人に子どもが不登校であることを伝えるかどうか悩みます。

職場に子どもが不登校を経験している先輩がいる場合、同じ不登校の家庭もあるんだと安心できたり、子どもの状態などを話して情報を教えてもらえたりして、心強く感じることもあります。逆に不登校にあまり理解がなさそうな職場では、どう思われるか不安で子どもの状態を話しにくく、なるべく知られたくありません。

特に春の時期は憂鬱で、気持ちがざわざわしました。職場でも子どもの進学・進路の話で盛り上がり、話に入れず肩身の狭い思いをしたり、言葉を濁して気まずい思いをすることもあります。このように子どもが不登校になると、母親は外で子育ての話がしにくくなるのはもちろん、母親失格と思われないかと劣等感を感じながら、それでも仕事と子育ての両立にがんばっているのです。

また、不登校の最初の頃ですと朝はなんとか学校に行ったものの、学校から「体調が悪いようなので迎えに来てください」と急な連絡が携帯電話に入ることもありました。不登校の子どもは気分や体調の波が不安定で、今日は学校に行ったと思っても、急に予定が変わることが多くあります。そうなると、「急なことで申し訳ありません」と職場の上司に事情を話して、慌てて仕事の段取りを変更し、子どもを学校まで迎えに行きます。「早くお子さんを迎えに行ってあげて! こっちはなんとかなるから」とあたたかく送り出してくれたときは、職場の方の言葉に感謝の気持ちでいっぱいになりました。

仕事と家庭の両立は、子どもが学校へ行っていても大変です。その中で不登校の子どもを持つ親は、職業人としての責任感と親としての愛情の優先具合を迷いつつ限られた時間と戦いながら、働き手(職業人)と親の二役をこなしています。

あるある

26

一人で全部、責任を感じてしまう

子どもが不登校になると親には二重のプレッシャーがかかります。

一つは精神的なプレッシャーです。子どもの将来を考えないといけない不安や孤独感、責任感を感じます。特に私の場合シングルマザーになったので、言葉にできない引け目を感じていて、「シングルマザーだから不登校になった」と言われたくない！　という変なプライドや力みが出てきました。たぶんそれは私自身に対して結婚も続けられないダメな女性、子どもを不登校にしてしまう子育ても下手な母親という2つのレッテルが貼られて、欠陥品だと思われるのが恐くて悔しくもあったからだと思います。

もう一つは生活に対するプレッシャーです。配偶者の協力がなかったり、シングルマザーであれば父親と母親の二つの役割をこなすことになります。今の時代は女性も経済的な自立も必要になってきますし、シングルマザーであれば、生活費を稼ぐために子どもが不登校になっても仕事を休むわけには行きません。そして、休日は平日できなかった溜まった家事や、キャリアアップのための資格の勉強など忙しい日々が続きます。子どもが学校に行っていない時間を家の中でどのように過ごしているのか気になりますが、話を聴く時間も取れません。また、ママ友との情報交換や子育てのストレスをおしゃべりする時間もなく、不登校の悩みやジレンマを一人で抱え込み、何をどうしていいのかわからないまま月日が流れていくこともあります。スクールカウンセラーや担任の先生に相談に行くには仕事との日程調整が大変だったりもしますし、そんな忙しさを配偶者（離婚した方も含めて）に相談できないケースもあるでしょう。

子どもの不登校を経験した先輩たちは大変だった経験をもとに「全部を一人で一気に解決することはできない。まず絶対に必要なことを優先しよう。一人で抱えずどんどん周りの人を頼っていいんだよ」と語っています。

今だから言えることですが、私の場合離婚と不登校という2つのつらい経験をしたからこそ、手に入れたものがあったように思います。離婚をすると必然的に新しい生活スタイルに変わるので、「こうあるべき」といったこだわりが少なくなりました。その中で子どもの進路選択に関しても多様な教育機会を検討できるようになりました。次第に「ウチはウチでいい」と既存の環境にとらわれないオリジナルな選択肢を柔軟に受け入れるようになっていったと思います。

あるある
27

親の会に救われる

子どもが不登校になったとき、どこに相談に行けばいいのかわかりませんでした。学校にはスクールカウンセラーが配置されておらず、紹介されたところも「この子に何か問題があるから…」という感じが強くて1回行って止めてしまいました。そんな中、1度行ってみたいなと思ったのが親の会です。それまでに行き渋りをしていた時期もあったので、新聞に掲載される定例会のお知らせを切り抜いて持っていました。

ただ、行くまでには時間がかかりました。「親の会」がどんなところなのか全くわからないし、どんな人がいるのかも不安です。自分に自信がなくなっている時期なので「否定されるようなことを言われたら嫌だ」という思いも強くありましたので、実際に参加したのは半年ほど経った頃です。参加者が自分の子どもの話をする中で、世話人はこれまでのことをゆっくり聴いて、「よく頑張ってこられましたね」と声をかけてくれました。この一言で涙があふれ出したのを今でも覚えています。ここが安心して話せる安全な場なのだと感じました。

親の会の良さはなんと言っても「同じ経験をした人がいること」。参加者の話を聞いて、自分だけでないと実感できます。特に子どもが少し動き出している人の話を聴くと、先の見通しが立って「なんとかなるかな」と思えます。また、自分では気づかない日常での子どもの変化に気づけるのも親の会ならでは。誰かが言ってくれたり、他の人の話を聴いて気がついたり。「この小さな変化が大切なんだ」と思い、とても安心感を得ました。

ただ、同じ親の会でも少ししんどいなと感じるときもありました。それはそのときの世話人や、参加者によるのかもしれません。そのときは足が遠のきそうになりましたが、また話を聴いてもらいたくて行ってみると違うメンバーになっていて「来てよかったな」と思うこともありました。参加者のメンバー次第で自分にとっての居心地が変わるのは親の会のいいところでもあり、ちょっと不安になるところでもあります。何よりも大切なのは「行って自分が楽になる」ことなので、どうしてもしんどいと思うところは行くのを止めて、他の場所に行くのもいいと思います。そのうちに、親の会で出逢った人と縁ができてそれが長く続くこともあり、「子どもの不登校を通して得た最大のプレゼントなのかも」と今は子どもに感謝しています。

第５章

学校とのつながり 編

あるある
28
学校との連絡に苦労する

行き渋りが始まった頃、とにかく学校に「今日は休みます」の連絡をするのがとても苦痛でした。電話をかけても担任の先生がいるとは限らず、子どもの状況を把握してくれている先生ばかりではないので、非常に気を遣いました。そもそも今日は休むのか遅れて行くのか、遅れて行くなら何時間目から行くのか、その日の子どもの体調次第なので連絡を入れるタイミングが難しいのです。学校側は欠席連絡は子どもの安全確認の意味もあって朝のうちにしてほしいようでしたが、こちらとしては

毎日「休みます」と連絡を入れるのはたいへん負担でした。そして「今後は行けそうなときには連絡します」とお願いして、朝の苦行から解放されるまで何ヶ月もかかりました。

そうして毎日の連絡は免除されましたが、行事ごとにお知らせやお誘いがかかり、出欠の返事をしなければいけませんでした。毎回行くか行かないか子どもは直前まで悩み、「やっぱり行けません」ということが多かったのですが、それを連絡するのもつらかったです。せっかく誘ってくださってくださった先生や友だちの期待に添えず申し訳なく感じたり、子どものふがいなさを責めてしまったりして、誘っていただくのも正直負担に感じたときもありました。子ども自身も「行くか行かないか悩むのがつらいから行事の予定など知らないほうが良かった」と言ったこともありました。一方で「何にも知らされないまま、行事が終わっていて悲しかった。学校への不信感が募った」という方もいますので、学校行事の連絡やお誘いというのはなかなかデリケートな問題です。先生は「知らせる・知らせない」「誘う・誘わない」を勝手に判断せず、まずは親に「どのようにするのがいいですか？」と相談していただけるとありがたいです。

また別室登校や放課後登校などしている場合、それについても出欠の連絡を入れなくてはいけないときもあります。「別室や放課後は自由にいつ来てもいいんだよ。授業も何時間目からでも来れそうだったらおいで」と言ってもらえることが理想ですが、昨今は子どもが巻き込まれる怖い事件もあるので、「今から行きます」「今帰りました」などの連絡も必要となり、親の負担は大きいです。学校へ電話しても担任の先生が不在ということはよくありますので、お互いにとって何か都合の良い連絡方法があるといいなと思います。

あるある
29

家庭訪問を断りたい

子どもが不登校になると大抵は担任の先生が家庭訪問に来られます。それは子どもの様子を知りたい、子どもとの関わりをなんとか持っていたいなどさまざまな理由があり、家庭環境を見て、福祉的なサポートが必要かどうかを確かめる目的もあるようです。ただ、不登校になって間もない子どもの多くが先生に会いたがりません。先生の中には「自分が嫌われているのか」と心配される人もいますが、この時期は先生を見ると学校を思い出してつらくなるということも多いようです。

このあたりの事情を察して家庭訪問を控え、親と連絡を取りながら様子を見てくださるといいのですが、中にはなんとか子どもに会おうとして毎日来られる先生もいます。「顔を見るだけ」と言いながら宿題などを持ってきて、無理に子どもにやらせるということもあると聞きます。熱心な先生の気持ちもわかるのですが、親は子どもを会わせなければと思って無理をさせてしまい、親子関係が悪くなります。先生が帰られた後に「なんで会わせたのか」と親を責める子もいて、板挟みになる親は本当につらいのです。

わが子も最初は「先生に会いたくない」と言いました。ただ、そう伝えても先生は何度も来られました。その先生は子どもの状態や興味のあるものには関心がなく、私は「子どもに会いたい」という気持ちを押しつけられているように感じました。子どもは変わらず「会いたくない」と言うので、その後は家庭訪問を断わりました。担任の先生と子どもの接点を切ってしまうようで心苦しかったのですが、今はこれでよかったと思っています。

家庭訪問に来てもらってよかったのは、家で落ち着いて生活できるようになった頃です。担任の先生も子どもが何に興味を持っているのかを聞き、一人の友人のように接してくれました。そろそろ動き出してもいいのかな？　と思う時期には先生の提案で文化祭の展示の一部を家で製作したり、その作品を放課後に見に行くことができました。そのときも先生が子どもの状態を見て、できることをやってくれたのがよかったのだと思います。

家庭訪問は不登校の子どもと学校をつなぐ大切なツールですが、それが子どもの負担になっては元も子もありません。子どもの様子を見て、時には断ることも必要だと思っています。また、自分の都合で急に来られてその対応に困ることもあります。家庭訪問は親にとっても子どもにとっても緊張を伴うので、心の準備が必要です。ご事情はあると思いますが、やはり事前に連絡をする配慮をお願いしたいと思います。

あるある
30

担任の先生とうまくいかない

子どもが不登校になったとき、担任の先生と連携することは大切なことだと思います。「できたらまた登校してほしい」という親の思いもあり、積極的に連絡を取ることも多いでしょう。でも、なかなか上手く関係が作れず、担任の先生に連絡することが重荷になってくることもあります。私の場合がそうでした。

少し前から子どもの様子が気になって担任の先生に相談したのですが、対応してもらえずに不信感を感じていました。しばらくして登校しづらくなり「〇時間目から登校する」と伝えても、自分勝手な時間に迎えに来られることがありました。始業式や終業式の日に何の連絡もないので、放課後に行けば先生は帰った後。登校していたときに作った作品は、教室の隅に置かれほこりをかぶっていました。ほかにも何も聞かず自分の思いだけで子どもを外出させようとするなど、気持ちを逆なでされるばかりでした。

修学旅行も子どもが考えに考えて「行かない」と決めたのに、当日の朝に数人の子どもたちが迎えに来ました。その子たちは自主的に「なんとか来てほしい」と思って行動したのかもしれませんが、わが子は本当につらそうでした。親の願いばかりをくみ取ってほしいと言っているわけではありません。でも、子どもが真剣に決めたことの重みをわかっていただけなかったのかと思うと、今思い返しても悔しさがこみ上げてきます。それ以降、先生とは最低限の連絡だけを取るようになり、私の気持ちは楽になりました。

そんな中で以前の担任の先生や校長先生が声をかけてくださり、学校と完全に関係が切れているわけではないという安心感もありました。特に小学校は担任の先生だけが学校の窓口のようなので、ありがたかったです。

学校、特に担任の先生とはいい関係が作れるに越したことはありません。しかし、自分の思いだけで動かれる先生だったり、親と気持ちがすれ違って上手く関係が作れないときは、まず子どもはもちろん、親もしんどくならないように連絡をできるだけ取らないという選択肢もあります。ただ、学校と全く関係が切れてしまうのも不安なので、できれば学年主任の先生や相談担当の先生、養護教諭などに間に入ってもらい、必要な連絡が取れるよう配慮してもらえたらと思います。

あるある
31
行けるときだけ学校へ行く

今日は学校
行ってきます
行けるのはいいけど
これでいいのかしら？

不登校になって完全に学校から足が遠のく子がいる一方で、別室登校や放課後登校をしたり、行事だけ参加する、クラブだけ行く、テストだけ受ける…など、なんらかの形で学校との関わりが続く子もいます。そのような参加の仕方は本来は認められないと考える先生もいるかもしれませんが、今はそれが子どもの精一杯のがんばりであると認識し、その子のペースや気持ちを大切にして、できる限りサポートしていただきたいと思います。

ただ、先生は別室登校などができると「明日もおいで」「教室にも来ない？」など、ついつい期待をして声掛けをしてしまいがちです。タイミングが良ければそれもいいきっかけになるのでしょうが、「いずれは教室に戻らなくてはいけない」というプレッシャーを感じて、せっかく通っていた別室にも行けなくなってしまうという場合があります。そして、親も当初は少しでも学校へ行けたことを喜んでいたのに、行事にだけ参加して授業には出ようとしない子どもに対して、いつまでもこんなわがままを認めていていいのだろうかと悩むこともあります。しかし、無理強いせずに、今できていることを大切にしていただきたいのです。結局卒業まで教室に入れなかったとしても、別室や放課後に先生とゆっくりおしゃべりをしたり、クラスの子が別室に訪ねてきたり、行事やクラブを通して同世代の子どもの姿に触れたりしたことは、次のステップへ進んだ際に大きな力と自信になっていきます。

このように学校の中に教室以外の居場所ができて、さまざまな参加の形が認められることはとても望ましいのですが、今は少し学校から距離を置いてゆっくり休んだ方がいい人も休めない状況になっていることもあります。例えば学校側が保健室や別室での受験を認めるという配慮をした場合、それで救われる子もいますが、学校側の誘いや配慮に対して断り切れずに必死の思いで学校まで来たものの、涙が溢れて顔も上げられないという精神状態に陥る子もいます。個別配慮してもらったことに対して「その期待に応えなければ」と健気にがんばってしまうのです。大切なのは子どもの希望や回復段階に応じて選択肢を増やすことと、子どもの状態によってはそれを休んだり断ったりしやすい雰囲気づくり、つまりは学校と家庭、先生と子どもとの信頼関係なのだと思います。

あるある
32

成績表をみたくない

地域や学校によって、不登校の子どもの成績表のつけ方はさまざまなようです。「がんばろう」等の表記だったり、「評定不可」と書かれていたり、空欄であったり斜線を引かれていたり。小・中・高での違いもあるでしょう。

うちの子どもが中学で不登校だったときにはずらりと「1」が並びました。授業も出ず試験も受けていないのだからそれも仕方がないのでしょうが、私は非常にショックでした。

成績表は子どもの代わりに私が受け取りにいきましたが、結局子どもには見せられませんでした。担任の先生は「おうちでいろんなことに興味を持って取り組んでいるのを知っています」「学校では経験できないことを経験していますよね」などと声をかけてくださいましたが、成績表には反映されません。家で仕上げたレポートを提出したり、夏休みの宿題の作品を仕上げたりして「2」をつけてくれた教科もありましたが、以前ならもっとできていたのに…とかえって悲しく感じてしまいました。

学校側としては成績をつけないわけにはいかないでしょうし、高校へ進学する際はたとえ「1」でも内申点が必要になります。先生方も会ったこともない生徒の成績をつけるのは悩ましいことだったでしょう。しかしそれでも不登校している側から言えばそのような成績表をいただくのは複雑な心境で、正直受け取るのもつらかったです。

「学校へ行っていないのだから成績がつかないのは当たり前。教科の勉強をしていないのだからできないのは当然。それでもわが子は日々さまざまなことを感じ、考えながら暮らしていて、家にいても心身ともに成長している。親である私はそれを知っていて、学校の成績表など関係ない」と思えたらいいのですが、なかなかそう割り切れるものではありません。そんな複雑な思いがあったことを考えると、不登校の子に限らず、全ての子どもの成績表に「この成績表はあなたの全てを評価するものでは決してありません」というメッセージが添えられていたらいいなと思います。

あるある
33

所属がなくなるのが不安

約25年前、ほとんど学校に行かなかったわが子が中学校を卒業しました。当時は学校から進路の情報はなく、インターネットも今のように使える時代ではなかったので、情報を集めるのもずっと難しかったです。また昨今のような通信制高校などの単位制高校も少なく、それでも人づてに聞いた全日制高校や全寮制の高校に見学に行ったりもしましたが、子どもが行ってみようと思う学校はなかったので、進路が決まらずに卒業しました。

その後子どもは、「所属」がなくなった開放感があったようで、外へ大きく動き始めました。

そういう中で夫も私も、「どうしても高校卒業資格は必要だ」と思わなかったのは、自分たちが自営業だったからではないかと思います。学歴が必要な会社や組織で働いていたら、どこにも所属がないという身分はとても不安で、将来を悲観的に考えたとしても不思議ではありません。そして、親の立場によっては、学校と繋がっている安心感が支えになることもありますが、所属だけが目的になると、子どもの側は「行かなければならない学校に行っていない」という罪悪感がストレスになって苦しくなります。つまり、所属することで安心感を得られることもあれば、所属するプレッシャーから一度離れたからこそ、動き出せることもあるのです。

今振り返って言えるのは、担任の先生を始め、先生方が不登校の子どもと保護者にどのような態度で接してくれるかで、学校に対する気持ちが違ってきます。例えば「今は学校に来れないけど、あなたは大事なクラスの生徒の一人だよ」というメッセージが伝わっていると、子どもの中にはしっかりと学校への信頼感が培われていきます。そして、たとえ在籍校から離れることになっても、それまで関わってくれた先生との信頼関係があれば社会への信頼感を失わず、将来にわたって社会に対する「所属」の意識を持ち続けることができるのです。やがて子どもが元気になって一歩を踏みだすとき、その経験が大きな後押しになっています。

第6章
どこに相談する？ 編

あるある
34

相談機関で傷つく

不登校の生徒数が増えるにしたがって、相談機関は増えてきたように思います。スクールカウンセラー、行政の教育相談、不登校支援のNPOや医療機関のカウンセラー、大学院の心理相談室、民間の相談室などいろいろありますが、親が安心して話せて信頼できるカウンセラーに出会うのは、運次第とも言えます。

親御さんの中には、カウンセラーから一方的に子育てを批判されて傷ついて帰り、その後しばらく相談すること自体が怖くなったという人もいます。また、最初はゆっくり悩みを聴いてもらえて少し気持ちが落ち着いたけれど、毎週決められた日時に通ううちに、「話を聴いてくれるだけで、相変わらず同じ状態の子どものことを話すのが苦痛になってやめました」という人もいました。

また、スクールカウンセリングは、不登校の子どもを家において、子どものいない学校に出向くこと自体がつらいという親もいます。ある私学で働いているカウンセラーに「今、子どもを甘やかしていてはこの先どうしようもなくなりますよ。引っ張ってでも学校に連れてきなさい」と言われ、あまりの理解のなさに驚いたという人もいました。

子どもが不登校になったということで、「親や家庭、子ども本人に問題があるはず」という先入観で話を聴かれると、その意識をひしひしと感じてしまいひどく傷ついてしまうことがあります。それでなくても、赤ちゃんのときから一番長い時間を子どもと向き合ってきた母親は、子育てのどこが間違っていたのか？　と自責の念に駆られ、自分の性格や生き方にも自信を失っていたりします。追い打ちをかけるように相談に行った先で問題探しをされると、ますます不安と心配が増してしまいますし、その母親の暗い表情を見ると、子どももつらくなってしまうのです。

　そのように親はいろいろな思いを抱えていますので、支援者には、思いきって相談に行けたという勇気と、自分なりに一生懸命育ててきた親の苦労を認めてほしいのです。そして、気持ちが少しでも軽くなるような支援をしてほしいと思います。

あるある
35

カウンセリングは行ったほうがいいの？

「子どもがカウンセリングしてもらって変われば、学校に行けるようになるだろう」と考えて、子どもをスクールカウンセラーのところに連れて行こうとする親御さんがいます。でも、学校がしんどくなっている子どもが、その学校に足を踏み入れるのはとてもつらいことなのです。それでも、親の勧めるままについていく子どももいますが、1度行ったきり「自分にはカウンセリングは必要ない」と言って行かなくなる子どもが多いです。でも、他の生徒に出会う心配がないこととカウンセ

ラーが子どもの気持ちに寄り添ってくれて、子どもにとってほっとする楽しい時間を過ごせたなら、ずっと続けていく子どももいます。ただ、「教室には入れないから、このくらいのことはやらないと」という義務感から行っていると、だんだん行かなくなります。そんな時は、「本当は行きたくない」という気持ちをやっと出せたのだから、それ以上無理強いしないほうが良いのです。

また、親もどうしたら子どもが学校に行けるようになるのか？その答えを求めてカウンセリングへ行くこともあります。「親だけがカウンセリングに行っても、子どもはずっと家にいて変わらないので意味がない」と思って行かなくなる人もいますが、自分の気持ちが整理できてすっきりしたという経験をし、続けていくうちに少しずつ視野が広がったり、子どもに対する見方や感じ方が変わることで楽になり、親子関係も以前より良くなっていったという人もいます。また、カウンセラーが自分の話を真摯に聴いてくれ、受け入れてくれた経験を重ねるうちに、子どもの話の聴き方が変わっていったという人もいます。

いずれにしろカウンセリングに行くことで親が苦しくなったり、子どもを追いつめてしまうなら、その親子にとって良いことではありません。日常から離れた安心できる場でゆっくり自分を見つめ、生きる意味を新たに見出せる、そして適切な助言とともに親子関係に温かい風を吹き込んでもらえるのなら、カウンセリングはとても意味のある時間になると思います。

あるある
36

心身の不調に悩む

行き渋りの時期から、ほとんどの子どもは身体症状を訴え、頭痛、腹痛、吐き気、めまい、発熱、立ちすくみなど苦しい状態になっています。そしてそれ以前にも、朝が起きづらい、ご飯を食べられない、けだるさが抜けないなど、元気がなくいつもと違う様子が続いています。なんだかはっきりしないが、ぐずぐず、ごろごろ、だらだらしている子どもを見ていると、「どうなっちゃったんだろう？」と心配し、「怠け癖がついてしまったのか」と腹が立ってきたりもします。

そして子どもの年齢が小中高と上になるほど、親のイライラも大きくなります。特に学校に欠席連絡を入れると元気になる子どもを見ると、どう理解して良いか、どう対応して良いかわからず、そのことにまた親はイライラして疲れてくるのです。見かねて苦言を呈すると、落ち込んでゲーム・スマホに今まで以上にはまる子もいれば、親に暴言やときには暴力の出る事態になったりします。

完全に不登校になってから、家でゆっくり休むと身体症状がなくなって安定した生活が続くようになります。それでも子どもにとって大きくストレスのかかる刺激があると、身体症状が出てくることがあり、そうすると親は「またよくわからない不調に悩む生活に戻ってしまったのか」と不安になります。しかし、調子の悪さにのみ気をとられないで、どんな刺激があったのかを考えていくと不調の原因がわかります。例えば本人が外へ行こうとして行動した後の不調なのか、または外へ行こうとして行動できないときの不調なのかを見ると、行動を起こした後の不調なら以前よりエネルギーが出てきていると見ることができます。

休む時間がとれて、調子の良いときと悪いときをくり返しながら回復できると良いのですが、まだ十分元気になっていない時期に、進路を決めなければならない、試験の日が迫っている、大きな学校の行事が控えている、といった強いプレッシャーがかかる場合もあります。親としては心配ではありますが、その度に調子を崩しながらも、やり過ごしたり乗り越えていく子どもに寄り添ううちに、親も子も精神的に成長していってるのだと思います。でも、あまりにも子どもの不調が続くときは、「今は学校の情報は伝えないでおく」という判断も必要と思います。

あるある
37

お薬って必要なの？

子どもが不登校になると、医療機関に子どもを連れて行く方は少なくありません。朝起きられなくなる、腹痛、頭痛、吐き気、めまいなどの身体症状、イライラして怒りっぽい、すぐにキレる、死にたい、消えたいなどと言う、といった精神的な状態をみて、「うちの子はどうかなってしまったんじゃないか」と不安になり、病院でお薬をもらったら治るのでは？ と思われる親御さんが増えているように思います。

多くの不登校の子どもの状態と、その後の経過や成長過程を見てきた医師は、すぐに薬を出すことなく「まずはゆっくり休養することが大事」と親子を安心させてくれます。一方、子どもの症状をみて「○○障害」などの診断名をつけて薬を処方し「朝はちゃんと起きて散歩をしながら光を浴びたほうが良い」と一般的な生活改善方法を教示される医師もいらっしゃいます。でも子どもたちは、それができないから学校を休んでいるのです。薬を服用しても頭がぼーっとしてしんどさは変わらないと、服用をやめる子どもたちも多いです。薬を服用してから感情の波が以前より大きくなり、また薬が増えても一向に改善しないといった子どもさんの話も聞きます。

もちろん薬が合っていて、それがあると以前より楽に過ごせるのであれば、大きなサポートになると思います。でもそれは、学校に行けるようにするためではなく、子どもが落ち着いて日々を過ごせるようになり、やりたいことができるようにするためです。

いずれにしても、親も子ども自身も「学校に行かなければ」「学校には行くべき」という思い込みのプレッシャーがなくなれば、だんだん症状がなくなっていく子どもたちを見聞きしてきました。医師の指示通りにしないと学校に行けるようにならないと自身に言い聞かせて、合わない薬をがんばって服用されているのを聞く度に、「あまりがんばり過ぎないで、一度ゆっくり休んだ方がいいのでは？」と思われてなりません。

あるある
38

朝起きられないのは起立性調節障害？

病気を治して
学校に行こう！！
がんばろう
ゆっくり休ませて
ください…

10年くらい前から、不登校の子どもに「起立性調節障害」という診断名がつくことが増えてきました。最近では、朝起きにくくなったり頭痛がしてベッドから起き上がれないくらい子どもがつらくなると、「もしかしたら起立性調節障害かも？」と疑う親御さんも増えています。それ以前は、同じように朝起きられなかったり頭痛や腹痛、吐き気などの症状が出ていても、子どもも親もその状態をどう理解して良いかわからず、ただ不安に苛まれている状態でした。

それを思うと、学校に行けなくなる原因が一つでもわかると、ひとまず落ち着けます。でも、そこから先が違ってきます。「起立性調節障害だから学校に行けなくなっている」と考えると、それを治すためにいろいろと手を尽くします。そして、学校に行けることだけが目標になってしまい、行けたらOKだけど行けない日が続くと悩んで落ち込んでしまいます。そうなると、なかなか心のエネルギーが回復しません。子どもは学校に行けない自分をふがいなく思い、いら立ったり自責の念に駆られたりして、自己否定の気持ちが強くなることもあります。

病名がなかった頃は、「病気を治す」という意識ではなく、「子どもがエネルギーを貯めて元気になること」を喜んでいたと思います。同じように家でゆっくり休んで心身の回復を図ることに気持ちを向けると、次第に家を中心に好きなことから活動を始められるのです。

もし、起立性調節障害が数値的によくなっても、すぐに学校へ行けるようにならない場合、学校が本人にとって過剰にストレスがかかる環境になっていると考えたほうが、現実に合っているかもしれません。そして、ストレスがかかっている環境（学校）から一時離れ、神経を休めてエネルギーを貯めていく時間が必要だと思います。

とはいえ、頭痛などを訴える毎日が続くと、何とかして早く治してやりたいと思うのも親ごころですよね。子どもが訴えてきたとき、「どこがどんなふうに痛いの？」と身体の状態をゆっくり聞いてあげるだけでも気持ちが落ち着くようです。聞いてあげることで、子ども自身が自分の調子を客観的に見られるようになります。

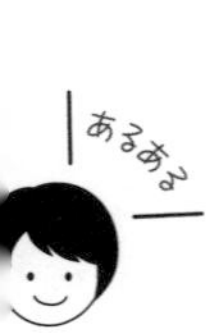

あるある
39

うちの子もしかしたら発達障がい？

不登校の子の中には、教室がうるさくてそのストレスでしんどくなってしまったという子がいます。ほかにも、漢字の書き取りができないので毎日たくさん宿題を出され、夜中までかかってやっとのことで書いたのに、先生にやり直すように言われて学校へ行けなくなってしまったという子もいます。それまでに親も必死で子どもを叱咤激励して学校へ行っているので、行けなくなったときには親も子もヘトヘトに疲れています。

前者の子は聴覚過敏なのでは？　と思いますし、後者の子は手作業が苦手な特性を持っているかもしれません。他にも小さい頃から集団行動が苦手、極端にこだわりが強い、感覚過敏があるなど、母親が育てにくさを感じるさまざまな特性を持っている子どももいます。標準的な子にとってはそれほどストレスを感じない環境でも、何らかの特性を持つ子どもには過度のストレス状態になっていて、本人は周囲の友だちと同じようにできないことに苦しんでいます。

幼稚園や小学校の担任の先生が気づいて親に専門機関を紹介し、療育につながることもありますが、知能的に問題なく学業についていけると、支援機関につながらないまま進級進学していくことも多いです。担任の先生が変わるときや進学するときに気になる特性や気をつけたいことが引き継ぎされない中で、授業内容が難しくなり、部活で忙しくなる、学校の規模が大きくなるなどでストレスが増し、とうとう学校に行けなくなるということもあります。

学校に行けなくなるほど本人のストレスが大きいのであれば、本人の特性に配慮した環境調整をしてもらうか、本人の特性に合った環境に移るかだと思います。中には特別支援学級や通級などのサポートのシステムがある学校もありますが、それを利用することに親が抵抗を感じることもあります。もちろん子どもが言葉や身体で訴えていることをよく聞き、親と学校と専門家が協力して子どもにとって最善の環境が与えられるといいのですが、わかっていても人手が足りないというため息が学校現場からも聞こえてきます。

また近頃は発達障がいの傾向があると言われることもあり、そうなると明確な診断名はないけれど、本人も親御さんも学校生活での困り事を抱えています。子どもが我慢することに神経をすり減らしているのなら、今いる教室にこだわらず、できるだけ安心できる環境を見つけ、その特性を生かして独自の才能を伸ばすことも考えていけるといいですね。

第7章

外とのつながり 編

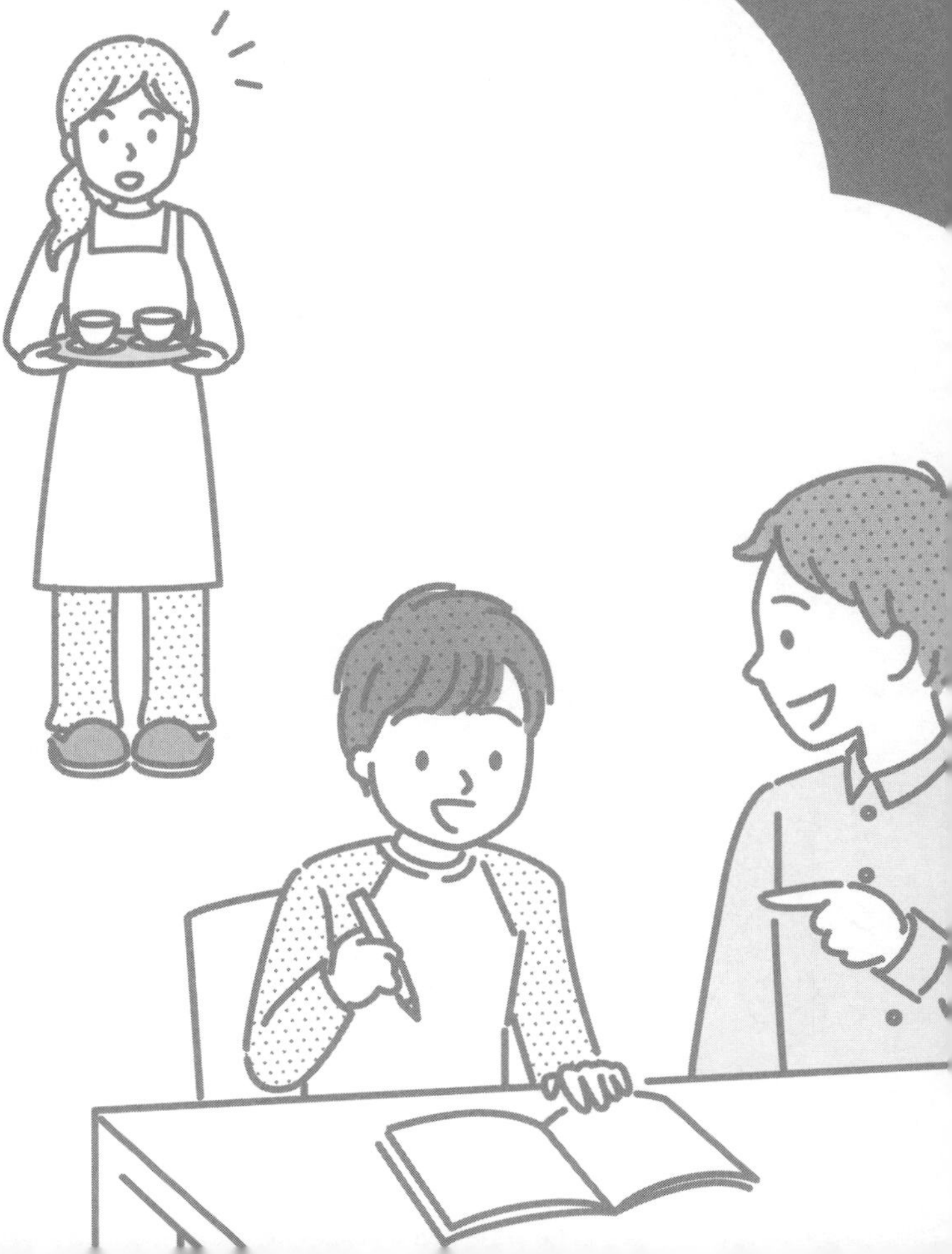

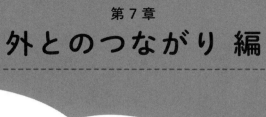

あるある

40

「家族以外の誰か」とつながってほしい

親の会や相談先で「今はひきこもっていても大丈夫」「エネルギーが貯まれば動き出すよ」などと聞いて、なんとなく今の状態でいいんだと思っていても、やはり「本当かな」と不安がムクムクとわいてきます。

特に子どもの気持ちが少し落ち着いて家の中では好きなことができるようになってくると、「もうそろそろ『家族以外の誰か』と関わってほしい」と思うのも当然です。別室登校やフリースクールは無理だけれど、お兄さんお姉さん的なメンタルフレンドなら大丈夫かなと考える人も多いでしょう。

自分自身が不登校だと受け入れられず「不登校の子のための」という支援にはつながりたくないという子もいますが、勉強を口実に話し相手もしてくれるような家庭教師なら大丈夫な場合もあります。近頃ではネットを介して子どもとつながってくれる支援者もいて、子どもにとってはリアルに誰かとつながるより、ハードルが低く関わりを持ちやすいかもしれません。

「家族以外の誰か」というのは子どもにとって友だちのような存在であったり、少し先を行くモデルとしても大切ですが、親にとっても子どもを親とは違う目で見てくれて心強く感じる存在です。ただ、不登校のことに理解があって、ドタキャンにも対応してもらえるところでないと子どもに負担がかかってしまうので、気をつけたいところです。

そしてなにより大切なのは、子どもの意思とタイミングだと感じています。私も子どもが不登校になって1年半くらい経った頃、親の会を通してメンタルフレンドの紹介をお願いしました。そのときにまず聞かれたのが「子どもさんが希望されているのですか？」「いつから来てもらっていいとおっしゃっていますか？」ということでした。確かにあくまでも親の希望で子どもの意思はきちんと確認しておらず、この言葉にはっと目が覚めました。何かにつけて親の気持ちが先走ってしまいますが、ちょっと冷静になって子どもの気持ちにも目を向けることが大切ですね。

あるある
41

学校以外の場所には出かけていく

外へ出てくれて
うれしいけど…
いいの〜？
ちょっと
出かけてきま〜す

不登校になっても学校以外の場所へは出かけていく子どももいます。全く家から出ようとしない子どもを持つ親からしてみればうらやましくも思えるのですが、そもそも学校へも行っていないのに平日昼間に外出させてもいいのか、フリースクールなど行ってしまったらますます学校へは戻らなくなってしまうのではないか、登校や勉強というやるべきことをしていないのに好き勝手させてはいけないのではないか…など、それはそれで悩ましいこともあります。

でもあるとき、親の会で「親がこうして仲間を見つけたくて出かけ、ここで楽になれたように、子どもだって仲間や居場所が必要でしょう」と言われてはっとしました。不登校だからといって懲罰的に楽しみ喜びを取り上げてしまってはいけない、子どもが喜んで通えるところがあるのなら、それが学校でなくてもいいと思うようになりました。

そうはいっても、不登校の子どもがみんな学校以外の仲間や居場所を求めているとは限りません。外に出て行くにはやはりエネルギーも必要ですし、学校での集団生活や友人関係に傷ついたり、疲れ果てているときは安全な家で一人で過ごしたいと思うのも当然です。

また、こういった居場所との出会いはたまたまといった偶発的な要素も大きいと思います。たまたま同世代がいた、たまたま同世代がいなくて気が楽だった、たまたま同じ趣味の子がいた、たまたま近所にその教室があったなど、そのときの子どもの体調や精神状態などによっても同じ場所でもまた行きたいと思ったり、もう二度と行きたくないと思ったりするのです。

親は学校以外のところでもいいからどこか出かけてほしい、誰かとつながってほしいと願いますが、子どもにもそれを求めるタイミングがあります。その偶然の出会いとそれを求める子どものタイミングはお膳立てしてうまくいくわけではありません。親の方は良かれと思って「こんな居場所もあるみたいだよ」「ここ行ってみない?」と声をかけても、大抵は「行かない」「やめとく」などの返答しか返ってきません。でもそれは「今は行かない」と言うだけのこと。時間をおいて子どもの様子を見ながら、また誘ってみてもいいのかなと思います。

あるある
42

ネット上に友だちがいる

最近は多くの子どもが、ゲームやネットを通じて外部の人と関わっています。親御さんのお話をうかがっていると、リアルな人間関係と似ている部分も多く、自分の好きなことで人との関わりを作っています。

「自主的に」「自分のタイミングで」外の世界と関わっていると考えれば、そこが子どもにとって「居場所」や「家族以外の『誰か』」のような存在になっている場合もあるかもしれません。

わが子は長くひきこもって友だちがいなかったので、今の状態をちょっとうらやましく思ったりします。ただ、ネットやゲームに依存しているのではないかとかネット上のさまざまな危険性を考えると、親はどうしても不安になるでしょう。

私自身は子どもが不登校になってしばらくした頃、ネットを介して趣味を同じくする人たちと出会いました。もう20年以上も前のことですが、ハンドルネームを使って実生活と離れた場所で人との関わりが持てて、子どもの不登校のことを忘れられる貴重な時間になりました。趣味の話から実生活の話に広がり、悩みを聴いてもらったことも多々あります。そのうちに直接会いに行くこともあり、今も大切な友だちです。そんな経験があったので、後にわが子にネット上の友だちができたときはとてもうれしく思い、一緒に出かけたりすることを早くから認めることができました。

もちろん私のような経験がない人もたくさんいらっしゃるし、危険なことや注意しなければいけないこともたくさんあります。それは時代の流れと共にどんどん変化して親はついていけなくなってしまいますが、できる限り興味を持って子どもに聞いたりしながら、関心を持つことが大切なのではないかと感じています。

近年、子どもたちを取りまく環境は変わりつつあります。学校生活にもオンラインが導入され、不登校の子どもへの学習支援も始まっています。親としてはできればリアルな世界の友だちを作ってほしいと思ってしまいますが、そこに出ていくのが今はしんどい子どもたちにとって、ネットの中の友だちは彼らを支える大切なものになりつつあるのだと思います。

第8章

子どもが動き出すとき 編

あるある
43

ドタキャンする

行き渋りの頃にしょっちゅう経験したドタキャン。「明日は学校へ行く」と言って前の晩に準備していたけれど、朝になって起こしてもなかなか起きられません。何度も起こすうちにイライラしてきて、「どうするの？ 起きないと遅刻だよ！ 行くの？ 行かないの？」と怒鳴ってしまい、布団の中から「頭が痛い。休む」とか細い声が返ってくると、「ああ、またか…」と急にこちらも力がなくなりました。

完全に学校へ行かなくなって家にいることが当たり前になると、親も子も毎日の揺れから解放されてひとまずは気持ちが安定していきます。でも、子どものエネルギーが少し貯まってきて、そろそろ外に動き出すというときに、またドタキャンを経験することになるのです。

子どもが行きたいLIVEや気の合う友だちと遊びに行くときなどは、いつも昼頃起きている子がその日は早朝から起きだし、時間をかけて身だしなみをバッチリ決めて出て行ったりするのですが、出ていく先が学校の行事だったり行き始めた塾やフリースクールだったりすると、前の晩からお風呂に入って準備していても朝になると起きられなくなるのです。

親から見るとわがままに感じますが、本人にとって行けなくなった学校を想起する場所に行くのは、ハードルが高いのでしょう。几帳面で真面目な子も多く、行けなくなった当初は頭痛、腹痛、吐き気、めまいなど身体症状が出ていたので、学校的なところに行くとなると緊張もするし、かつての気分やそれに紐づいた身体症状が出てくるのではないかと思います。

ドタキャンを繰り返すと親は行き渋りの頃を思い出してしまい、またあの頃に戻ったのかと不安になりますが、行けなかったことを嘆くより、行こうと思って本人なりにがんばったことを認めてあげて、「無理しなくていい。行けるときに行ったらいいよ」という気持ちで見守っていけば、またエネルギーが貯まって外に行けるようになります。行った先が本人にとって安心できる場所であれば、気分の波も前ほど大きくなくなってきます。何年たっても、子どもが何かをやろうとしてできないと、またあの悪夢が戻ってきたのかと不安になりますが、それも取り越し苦労になっていくものです。

あるある
44
また行けなくなったらどうしよう

いってきまーす
いってらっしゃい
行けた!!
でも
明日は…??

年度や学期が替わって子どもが再登校を始めると、親は非常に気を遣います。私は「このまま行けるようになるかもしれない」と期待する一方で、プレッシャーをかけてはいけないと思うと、素直に「いってらっしゃい」と見送ることすらできませんでした。学校から帰ってきてからも「今日はどうだった？」と聞きたい気持ちを抑え、子どもの顔色をうかがう日々。再登校の喜びよりもその緊張感や不安感で疲れ果て、これなら全休していたほうがずっとましだったとさえ思ってしまいました。

そして数日後とか数週間後にはまた学校へ行けなくなるのですが、そのときにはやっぱりがっかりしてしまい、「何でまた行かないの？」と怒りや悲しみの入り交じった感情を子どもにぶつけてしまいました。つらかったであろう子どもの気持ちを思いやる余裕はなく、再登校のがんばりを認めるどころか、また行けなくなったというふがいなさを責めてばかりいました。

そんなことを何回も何年も繰り返し、そのうち「再登校してもこのまま順調に行けるはずはない。きっとまた行かなくなる。でもまぁそのときはそのとき、何とかなるだろう」と思えるようになりました。一喜一憂せず、行くか行かないかは本人に任せるしかない。「また行けなくなった」と思うのではなく、「(今の自分には必要ないから)やっぱり行かない」という子どもの選択を尊重するというシンプルな関わり方ができるようになり、ようやく楽になりました。

不登校の子どもは元々は几帳面で真面目、完璧主義というタイプが多いように思います。完璧であろうとするが故にしんどくなっても休めず、限界までがんばってパタリと行けなくなってしまう。そして、がんばれない自分を責めてしまうのです。

「つらいこともがんばって乗り越える」というのはもちろん立派なことですが、今不登校中の子どもたちは「しんどかったら休んでいい」「立ち止まってもまた動ける」「一度やめてもまた始められる」ということを学んでいるのかなと思います。また、自分の弱さをさらけだして誰かに助けてもらう、つらいときにはSOSを発信してそれを受け止めてもらうという経験をしておくことは、今後の人生においてしなやかに逞しく生きていく支えにもなるのだと思います。

あるある
45

再始動＝再登校とは限らない

今日学校行けない
ムリ
ひっ
つかれちゃった!?
バイト
行ってきます
…
これもあの子の
再始動ね

「不登校の子どもが再び動き出した」と聞いて、みなさんはどんな様子を想像されるでしょうか？　一般的には「学校へ行き始めた」あるいは「フリースクールに行き始めた」という姿や、「保健室や別室に行けるようになった」という感じでしょうか。でも、子どもにとって本当の意味での「再始動」はちょっと違うように感じています。

例えば中学にほとんど行けないまま通信制高校に進んだ場合、子どもが登校すると親は「やっと学校に行けるようになった」とほっとしてしまいますが、エネルギーが十分に貯まっていないと子ども自身はまだしんどさを感じていることもあります。自分が決めて行った学校だけど力を振り絞るように登校して、ヘトヘトになって帰ってくる。学校のない日はそれまでと変わらない生活で、「学校に行っているときは高校生だけど、行ってないときは不登校」と言う子もいます。よく考えればこの状態は再始動ではありません。

一方で、学校には行けないけれど、好きなことをやり始めたり、好きな人（仲間）に会ったり、アルバイトなどには行けるようになる子もたくさんいます。むしろこちらの方が本当の意味での再始動で、自発的に動くことでしっかりとエネルギーを貯めていくのが目に見えてわかることもあります。学校にも、やりたいことを見つけて目的を持って行くようになると、多少しんどいことがあっても再び不登校になることはなく、通い続けている子が多いと感じています。

最近はさまざまな支援が充実し、子どもが不登校になると今まで以上に「学校に行けるようになるためにどうすればいいのか」という視点ばかりに気が向くようです。しかし、再登校に直接結びつかなくても、子ども自身の「好き」や「興味」を大切にしていれば、本当の「再始動」が自らやってくるから不思議なものです。そこに行き着くまでには時間はかかることが多く、親としてイラ立ちもありましたが、振り返れば着実に踏み出したと実感できました。

第9章

進路のこと 編

あるある
46

高校へ行けるの？

中3になると急に進路のことが気になり始めます。家庭で比較的落ち着いて過ごせるようになった子は動き出す時期にさしかかっていることもありますが、中2の後半や中3で不登校になった場合、まだまだ親子共々混乱していて、日々を過ごすことで精一杯ということもあるでしょう。そうなると「わが子は高校に行けるのか」という心配は募るばかりだと思います。

高校進学を考える上で気になることは大きくふたつあると思います。

ひとつは学力のこと。なかなか勉強に取りかかれない子どもには『受験』という大きな壁が立ちはだかっているように見えていると感じます。わが子もまさにその状態でしたが、ある通信制高校に見学に行って「九九はできる？」と聞かれびっくりしたけれど、ほっとしたと言いました。これは九九ができるとかできないとかということでなく「今の学力のままで行ける高校があるよ」と伝えてくださったからでしょう。今の学力のまま進学して高校で学び直すという選択もありますし、中には行きたい高校に行くために努力する子もいます。そうすると乾いたスポンジが水を吸収するようにぐんぐん学力が伸びるので、子どもの力ってすごいなと思います。

もうひとつの心配は、家で過ごしていた子が他の生徒や先生と上手く関われるのかということです。ある程度落ち着いて過ごせるようになっていて、先生や友だちなどと交流がある場合はまだいいのですが、家族以外とほとんど関わりがない場合や、いじめや友だちとのトラブルを経験している場合は不安が大きいと思います。私も不安を感じていたので、できるだけ小規模で先生の目が行き届きやすい学校を選びました。見学に行って、子ども自身や親の目で「ここでどんなふうに過ごすのか」を想像してみるのも大事だなと思います。

「高校に行けるのか？」と問われれば、行ける高校はあります。高校へ行く以外にも、高校卒業資格認定試験を受けるという選択肢もあります。ただそこにつながる時期はそれぞれで、中学校卒業のタイミングではないこともよくあります。この場合、親も子も落ち込んだり焦ったりしてしまいますが、動き出すのに必要なエネルギーが貯まれば、時期に関係なく自分が必要だと思うところにつながっていきます。もどかしいけれど「本人の力を信じてタイミングを待つことが一番」なのだと思います。

あるある
47

わが子が行ける学校はどこ？

中3になると学校に行っている同級生はいよいよ進路を決めて、それに向かって受験勉強がヒートアップしていきます。学校にずっと行っていないので何も考えていないように見える子どもも、その空気感は感じていると思います。

学校から進路についての調査票が来たり先生から電話があったりすると、まだ精神的に不安定な子どもはそれが刺激になってしんどくなり、症状や行動になって現れたりします。

そういう場合は進路の話自体が子どもにとって受け入れられない状態ですので、先に親の方で情報だけは集めておいて本人が落ち着いてきたタイミングで少しずつ伝えていくようにします。親が焦って進路を早く決めたいと思っても、子どもの気持ちはまだその問題に向き合う準備ができていないことも多いのです。

「どの学校に相談に行けばいいの?」という疑問には通信制高校・サポート校が一堂に集まる合同相談会がありますし、親の会やフリースクールなどでもさまざまな学校の在校生や卒業生の経験談を聴く機会があります。不登校の子どもは通信制高校やサポート校に行くことが多いですが、外へ動ける元気があれば、全日制高校や公立の単位制高校でも不登校や発達の特性がある子の受け入れをしている学校もあるので、通信制高校も含めていくつか候補を考えているとよいと思います。

子どもがしんどいときは、親が学校に相談に行くことすら内緒にしていることもあります。そういうときは、今の子どもの状態と親の心配や不安な事を先生に伝え、勉強や学力のことのほかにも、子どもの心身の不調と発達の特性などあれば、その理解と配慮をしてもらえるかどうかを聞いておきます。親は早めに準備して安心したいですが、子どもは体調の波が大きいときは少し動いてはしばらく休むを繰り返します。進路を選ぶときは子どもの動向をうかがいながらなので、親の気持ちも揺れてしんどいです。

ここで知っておきたいのは、親の時間感覚と子どもの時間感覚のスピードは、ずいぶんギャップがあるということ。それでもある程度エネルギーが貯まっていれば、ぎりぎりのところで辻褄が合っているものです。親はハラハラドキドキし通しですけどね。

あるある
48

子どものタイミングで進路が決まる

中3になった頃に家の中ではのびのびと暮らせる状態だと、高校進学を考えるのにはとてもいいタイミングですが、まだ「学校」という言葉を出すと親子共々緊張感が走る…ということもよくあります。進路調査の時にちょっと話し合うと「高校には行きたいと思っている」「通信制なら行けるかも」と言うものの、なかなか見学に行けずにやはり高校に通うのは無理かとがっかりすることもあります。子どもには「どうしても無理だったら高校に行かない選択もある」と伝えたりしますが、

親の心中は穏やかではありません。中学卒業までは不登校であってもどこかの学校に所属することになりますが、進学や就職をしないとなると、やはり不安は押し寄せてくるのです。

もちろん、子どもの「高校に行きたい」という言葉もウソではないと思うのです。ただ、受験勉強のプレッシャーは大きいのでしょう。今は自分でパソコンやスマホを使って高校の情報を調べる子も多くなっているようですが、パンフレットやホームページの生徒たちはキラキラしていて「とても自分はそこに入れない」と思っている子もいるかと思います。まだ十分なエネルギーが貯まっていない子もいて、何もできないのに時間ばかりが過ぎて焦りが募り、落ち着いていた子もまたしんどくなることも多いです。

わが子も動き出せない状態でしたが、中3の2学期も終わりを迎えた頃、私がある通信制高校の先生に出会い「この先生に子どもを会わせたい」と思ったことがきっかけで、見学に行くことができました。見たのはビルのワンフロアが校舎で、そこで自分に似たような感じの生徒たちが過ごす様子。それまで自分が想像していたのとは全く違う高校があり、また面接だけで入れるとわかり「この学校に行ってみたい」と思ったようです。

「高校に行きたい」と言いながらなかなか動き出せない理由はさまざまあり、中学卒業が目前に迫ると親の焦りは一段と増します。でも入試前夜に「明日受験するわ」と動き出した子もいますし、卒業式が済んでからやっと進学先を決めた子もいます。動き出すタイミングは本当にさまざまで、子どもなりに「ここ」という時期があるようです。でもやっぱりもどかしい…子どもが自分で決めて動き出すことが大切だとわかっていても、焦りとイライラは続いてしまいます。

あるある
49

転校を決めるタイミングがわからない

高校で不登校になると、留年や転校、または中退の選択を迫られることになります。そのときにすぐに別の進路を決められる子どもは少なく、親が通信制高校などへの転校を勧めてみても、不機嫌になったり黙ってしまったり、「明日は行くから」と言って結局行けないという場合がほとんどです。親は同級生と同じタイミングで卒業できるように1日も早く転校した方がいいと思うのですが、子どもはそう簡単に気持ちを切り替えることはできません。

努力して入学した高校ならなおさら「こんなはずじゃなかった」「まだやり直せるのではないか」という思いにとらわれ、別の道を考えることなどできないのです。明日は行こうと思っていたが無理だった、留年しないようにこの授業だけは出ようと思ったけれど無理だった、留年して4月からやり直そうとして無理だった…。そういうあきらめを重ねることで、ようやくこの学校では無理だと言う現実を受け入れられるようになるのではないでしょうか。その間、苦しんで何度も落ち込む子どもの姿を見ているとたまらない気持ちになりますが、無理やり転校させるわけにもいかず、そのときの子どもの思いを尊重してやることしかできません。親も子もつらい時間ですが、自分の人生を自分で引き受けるという覚悟をつける大切な時間でもあると思います。「こうでなくてはダメだ、もうおしまいだと思っていたら、まだほかにも道はあった」という経験は、今後また困難な状況に陥ったときに、自分自身を支える大きな力となるのではないかと思います。

こうしてやっとの思いで通信制高校へ転校してもすぐに元気になって通えるとは限りません。今まで溜め込んでいた疲労感やつらさがすぐに軽減するわけではありませんし、不本意な気持ちを抱えたままの子どももいるでしょう。エンジンがかかるまでには時間がかかるのです。三年で卒業ということにこだわらず、「自分のペースで歩むために通信制へ転校したのだ」ということを子どもに伝えてあげられたらいいなと思います。

一方で子どものほうから「通信制高校へ転校したい」と言い出す場合もあります。わが家はそうでした。「学年末までがんばって、単位を取って4月からにしたら？」と言いましたが、本人の意志は固く、年度途中で転校しました。正直そのときは納得できなかったのですが、決して安易に転校を決めたのではなく、転校したいと切り出した時点で「もうこれ以上は無理」ということだったのだと今は理解しています。

あるある
50

進学後も自分のペースで進む

「通信制高校」。今ではすっかりおなじみになり、不登校の子どもを始めスポーツ選手なども在籍して、一般的な進路のひとつになりつつあります。しかしわが子が進学した20年前はまだよく知られていない存在で、支援の手厚い「サポート校」になると私立の全日制高校と同等くらいの学費が必要だと知り、不安にもなりました。ただ、全日制や定時制の高校は無理だけど、「ここなら行けそう」と子どもが言えば、その言葉を信じるしかありません。まだ「週1日コース」などの選択肢もな

く、「週2回、2時間から始めましょう」と聞いたとき、思わず「1時間あたりいくらかかる？」と計算してしまいました。あとで同じように感じた人が多くいて、ほっとしましたが…。

当時はまだサポート校に進学する子どもが少なかったこともあり、本当に少人数で担任の先生がほぼマンツーマンで細かく配慮してくださったことはとてもありがたかったです。とはいうものの、友だちがたくさんできるわけでもなく、いろいろと用意される行事に参加して学校生活を楽しむでもなく「必要な授業に行って単位を取得するだけ」というわが子を見て、悶々としたこともありました。

そうして高3になったのですが、進学のための授業が増えた途端、子どもは登校できなくなってしまいました。そして親子で話し合って「とりあえず先のことを考えず、高卒資格を取ることだけをめざそう」と決め、その決断を担任の先生が快諾してくれたとき、なんだかスーッと気持ちが楽になりました。入学してからいろいろ期待もしていたのですが、よく考えれば積極的に進学をしたわけでもなく、まだまだしんどさを抱えたままのスタートで、そのときは「リハビリ期間のようなもの」と考えていたことを思い出したのです。

今は本当に多様な通信制高校があり、選択肢も広がっています。子どもも親もパンフレットを見たり、見学会に行ったりして、そこでの生活を思い描いて進学を決めるかと思います。一方で中学を卒業してどこにも属さなくなる不安から、とりあえずの進学先として決める場合もあるでしょう。結構高額な費用がかかると親としてはいろいろ望んでしまいますが、「通信制高校やそのサポート校は、今の子どもの状態に合わせて高卒資格を取れる場所」のように考えておくと、子どものことをゆったりとした目で見ることができるのかもしれません。

巻末

座談会

～不登校を振り返って～

親子支援ネットワーク♪あんだんて♪は、子どもの不登校を経験したお母さんたちが立ち上げたボランティア団体です。♪あんだんて♪のメンバーが子どもの不登校を経験した当時は不登校に対する理解が今よりずっと少なく、通信制高校など不登校の子どもを受け入れられる学校の情報も少ない中、大変さを共有する相談の場を設けてきました。

不登校を取り巻く環境は、時代の流れとともに変わってきています。時代と環境は変わっていきますが、その中で変わらずに伝えたいメッセージがある。今回の座談会では、当時のことを振り返りながら、保護者として支援者として、20年という月日の中で考えてきたことを語り合っていただきました。

子どもが不登校になるまでにはいろいろな要因があると聞きます。特にお母さんは一番近くでその姿を見ていると思いますが、実際どんな様子だったのですか?

フェルマータ　私の子どもが不登校になったのは25年前。そもそも不登校なんて知らなくて、「なんかおかしいぞ?」「嘘、嘘~!」みたいな感じでしたね。みなさんはどうですか?

さくら　うちの子は小学5年生から不登校。2年生のときに行き渋りをしていたり、少し前からちょっと心配なことが続いていたけれど、まさか急に全く行けなくなるとは思っていなかった。まさに青天の霹靂で、ある朝「お腹が痛い」と言って行かなくなった。何が起きているかはよくわからないけど、とにかく学校には行けないということだけはわかった。

マーガレット　うちも幼稚園のときに不登園しているから、ついにうちの子もなったかという思い。本当に行けなくなったのは小学校4年生の運動会の翌日だけど、それまでにも行き渋りもありましたよ。それからは今日は行ける、行けない…を繰り返して、とうとう無理かという感じ。

フェルマータ　無理と思ったのはどうして？

マーガレット　玄関から動き出せないんですよ。その姿を見てもう無理だなと。

フェルマータ　うちもね「いってらっしゃい」と言った後に玄関見たら子どもの靴があってね。「あれ、行ってへんやん」ってことがありましたね。

小梅　うちは最初友だちとのトラブルが原因でした。それだけじゃないけど、朝になったら固まっちゃって…その姿見たらああもう学校へ行くのは無理だなと。準備の動作もすっごく遅くて、学校へ行くとなったらフリーズしてしまう。登校時間が過ぎると「おなかすいたなぁ～」とか言うんですけど。

フェルマータ　ほんとね、登校時間が過ぎるとそんな感じ（笑）

ラスカル　うちは叱りながら、引きずるようにして学校へ連れて行ったりもしました。だけど子どもの顔がだんだん青白く無表情になっていって、もうこれ以上やったら子どもが壊れてしまうと思った。だから、不登校を受け入れたというよりは登校させるのをあきらめた感じです。

フェルマータ　みんな身体症状が出ていた感じかな？

さくら　うちはお腹が痛いとか言っていたけれど仮病だった。「行けない」という理由じゃ親は納得しないから、理由を考えたのかな。そう言うしかなかったのかもと思うといじらしいよね。

フェルマータ　Ｎａｍｉさんのところはお医者さんに行ったんだよね。

Ｎａｍｉ　うちは身体症状が先に出てて、めまいとか腹痛とかで動けない状態になってたので、学校は休まざるを得ない状態。でもそうなるのは平日だけだから、ちょっと変だと思って病院に行ったら、最初の病院では「学校行かないのだったら入院する？」と言われて、それは違うなと思って病院を替えました。

フェルマータ　替えられて良かったね。

Nami　替えた病院の先生のところで「これは不登校だから」と言われて。子どもには「きみは元気ではないけど病気でもない。それは疲れているということだから休んだほうがいいよ」と言われた。それがスタートです。

フェルマータ　なるほどね。かむなさんのところは中学校のときだったかな？

かむな　そうですね。中3でちょうど高校受験が始まる時期でした。急ではあったんですけど、親としては小さい頃から見ていて「この子は集団生活が苦手だな～」と思っていたので、「あ～きたなぁ～」という感じもありました。でもよりによってこの時期かぁ～とは思ったかな（笑）。学校へ行くのをあきらめたのはラスカルさんと同じ感じですけど、ほんとに表情がなくて、食べられないし、ずっと家で寝ていたので、「え…死ぬ？ 学校どころじゃない」って思って。それまでは家から追い出す感じで背中を押していたりしたんですけど…。

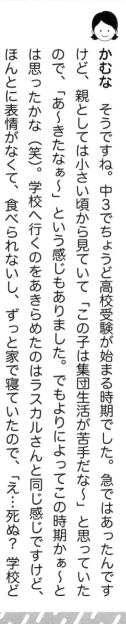

フェルマータ　Ｃｏｃｏさんは車で学校に連れて行ったこともあるって言ってたよね。

Ｃｏｃｏ　はい。私も、車で送っていきましたし、夫が送っていったこともあります。当時は連れていければ行けるのかなと思ったのですが、身体がこわばる感じで、それで行けるようになるということじゃなかったです。うちの子が不登校になったのは中1の2学期からですけど、6年生のときも無理やり連れて行ったときもありましたよ。ただ中学になったら仕切り直しで、本人も私も行けると思っていたので、こんなはずじゃなかったという感じでした。玄関から動けなくなったり、トイレから出てこなかったりしました。本人なりになんとか行かない方法を考えていたんだと思います。

目の前で苦しむ姿を見て、「学校へ行かなくていい」と納得できた形ですか？

フェルマータ　みなさんそれぞれ、「学校へ行かなくていい」となって休めた感じ？

小梅　すぐには無理かな…

ラスカル　うん、すぐではない。

さくら　すぐではないなぁ…

ラスカル　私は学校へ行かないなら、代わりに何か他のことをさせなくてはという気持ちが強くて。年齢的にも小学校低学年で小さかったので親が行けばついてくるので、フリースクールや塾、お稽古ごととかいろいろ回ったし、図書館とか美術館とか博物館とかも行きました。私ががんばらなきゃと思って。

フェルマータ　えらいねぇ、ようやったわ。

ラスカル　子どもが興味のないようなこともね、平日の朝からせっせと連れて行って…。でもそれも疲れちゃった。もう提供できることもなくなって、子どもも楽しそうじゃないし。

フェルマータ　たしか、さくらさんのところもそんな感じじゃなかった？

さくら　あの頃ある本を読んで、ホームスクーリングっていう言葉を中途半端に知ったので、家で何かしないといけないと思ってたな。家で何かできることをと考えたり、夫もプール連れて行ったりしましたよ。今思うと、ホームスクーリングを意識しすぎて、自分で自分を追い詰めているような感じで、しんどかったなあ。

ラスカル　そうそう。家で学校の代わりをしなきゃいけないと思っていました。それも単にドリルとかじゃなくてね。

みんな　あはは…（笑）確かに！

かむな　わかる！　なにか「家ならでは」のことをね（笑）

フェルマータ　学校ではできないこととか！

さくら　親の自己満足かもしれないけど（笑）

かむな　うちは男子ですけど、晩御飯を1品作ろうみたいなことしていましたね。それこそ学校の教科では満たせたないような、”スペシャルな何か“をイメージして。

ラスカル　豊かな情操教育的な、芸術とかね（笑）

フェルマータ　最初のころはいろいろしましたよね。私もたしか家にいると体力が落ちてしまうから一緒に縄跳びしようとしてたことがありました。3日坊主もいいとこでしたけど（笑）…ほかに何かしていた人いる？

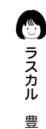

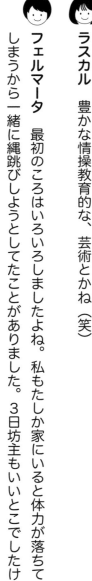

マーガレット　うちも美術館とか体験学習とかに行きましたよ。一応、子どもに行きたいかどうか聞いてね。

さくら　「一応聞いた」というところがね（笑）

ラスカル　子どもはいやいやかもね（笑）

マーガレット　ね（笑）あとは「サッカー行きたい」って言ったら「どうしたら行ける？」とスタジアムまでの道順を調べさせたりしてね。好きなことは取り組めるので、一応本人が「行きたい」と言ったとこには、付き合うようにしてきました。

フェルマータ　それは行かせようとしていたってこと？

マーガレット　結果としてそう。どこでもいいから外へ行ってほしかった。でも親の言う通りには動かない。

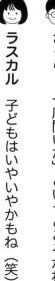

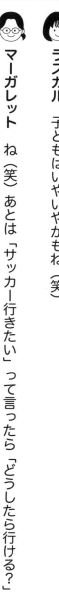

Nami　本当にそうだよね。うちも土日に遊園地とか連れて行ったりしてた。でもね、どこ行ってもしんどそうで、すぐ帰りたがるのよ。親のほうは「せっかく来たのに」って思うしね。旅行にも行ったけど楽しんでいなかったと思うなぁ。やっぱりエネルギーが貯まっていないときはどこ行っても無理なんだと思う。一番覚えているのは家族でボーリングいったときね、子どもが肩を脱臼したんよ（笑）

ラスカル　乗り気じゃなかったのね（笑）

Nami　そうね（笑）、それから外に連れて行くということは少なくなっていったかな。

かむな　うちは私が仕事してしたし、子どもも一人が好きだったので一緒に外出はしなかったかな。支援施設を紹介してもらって一人で行ったけど、それはやんちゃそうな子がいて「うざい」って言って帰ってきた（笑）でも、大学の心理学講座は気に入ったみたい。

フェルマータ　へぇ〜！　大人やねぇ。

かむな　本当に！　親から見ると支援施設のほうが合っていると思ったけど…。だから何が本人に合う環境なのか、親も本人もわからないんですよ。わからないから、「こんなところあるよ」と情報が入ったら伝えるようにしていましたね。

フェルマータ　その気軽さがよかったのかもね。「こんなのあるよ」くらいが。

さくら　あと結局、子どもが本当に興味のあることじゃないとダメなんだよね。

フェルマータ　さくらさんの子はプールもだんだん行かなくなったって言ってたよね（笑）

さくら　プールは子どもなりに気を遣って、お父さんに付き合ってあげてたって感じだったから（笑）。好きなところには抵抗感なく行くようになったから、無理にひっぱり回す必要はなかったかなって思う。

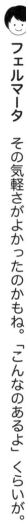

「学校へ行かなくていい」となった後も、「何かはしないと」という思いはあったのですね。でもその後、毎日家にいる時間を過ごすとなると、不安や葛藤はありませんでしたか？

フェルマータ　子どもが休めると安定はしてくるけど、その中でも気持ちが揺れることもあったでしょう？　みんなはどんなことを思ったりしてた？

ラスカル　うちは学校と縁が切れなくて、学校行事には時々参加していたんですよ。学校と関わりがなくなった人から見ると「うらやましい」と思うかもしれないけど、学校と子どもの間に入るのが大変で…。行くのか行かないのか直前までわからなくて、やきもきしてとても疲れました。そのうち学校に送っていくこともしなくなりました。送らないと行けないのなら行きたくないんだろうなと。それからは本人の問題として捉えられるようになったかな。それまではやっぱりどこかで行事をきっかけに学校へ行けるようになったらいいなという思いがあったし、行かないと言われたらがっかりしてたな。

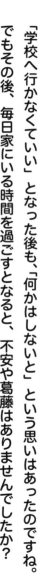

フェルマータ　うちの子の場合、小6のときにいじめが原因で不登校になったから、中学は少し離れた中学に行ったんです。通学に1時間半かかるけど、嫌だったところから離れられるし、少人数のアットホームないい雰囲気なところだったので大丈夫と思ってね。でも1カ月ぐらいしたらまた行かなくなって。そのときね、「こんなにいい環境なのになんで!?」と思ってしまってね。何か子どもに原因があるのか、私の育て方が悪かったんじゃないかと思って、1年位鬱屈して過ごしたんです。それで時が経ってあきらめがついたんですけど、そのときに子どもも「行きたいけど行かれへん」という思いから解放された感じがしましたね。

小梅　子どもは学校以外のところでいろいろ経験して、それは私にはできない経験だなと思うんですけど、私自身は普通に学校へ通って友だちがいて、今も当時の友だちと関係が続いているから、その経験がないのはもったいないなと思っていました。あとは言葉がけにすごく気を遣っていた時期があった。でも、それはしんどいんですよ。だから私は、家にいる時間を少なくした。日中用事がないときも外出していたし、自分が冷静に向き合えるときだけしか家にいなかったです。

さくら　今も♪あんだんて♪に来られるお母さん方から「見守っていればいいんですね」という言葉をよく聞くけれど、見守るのも見守られるのもお互いにしんどいよね。そうではなくて「一緒に暮らす」って感じかな。あとは子どもが歩んでいく道を邪魔しないこと。

フェルマータ　「信じて待つ」というのも待たれている当人にとってはかなわんと思う。「何を待たれているんだろう?」って。

小梅　何を信じるのって感じもするよね。

マーガレット　子どもが自分で動くまで、親が先走りしすぎないってことだと思うんですけどね。

ラスカル　私は、「子どもを信じるということは、親である自分を信じるってことだよ」と言われました。

みんな　あーなるほど!

保護者が変わると、子どもも変わるのですね。実際にお子さんの不登校で保護者の方の価値観が変わったことって何でしょうか。

さくら　私は子どもが不登校になったことがきっかけで、自分自身のことに意識が向くようになった気がします。例えば不登校のことを学んで、いいなと思ったことを先生に伝えたりしていたのですが、はじめは「子どものために」「親としてやるべきこと」という思いだったけど、それが次第に「自分のために」「自分がやりたいから」という思いに変わっていった。それでいい具合に子どもから意識が離れたかな。

フェルマータ　誰かが「子どもが不登校になると、親離れ・子離れが早い」と言ってた気がする。

ラスカル　私は子どもは自分の思うようにならないということを思い知った。それまでは、ある程度は親が子どもをコントロールできるように思っていたけれど、不登校になると親が望むように子どもは動いてくれなくて。否応なしに、「この人は私とは違う人生を歩むのだ」「私とは全然違う価値観で生きているんだ」と考えるようになった。あと、私自身は得意なことを伸ばすと言うよりも、苦手なことを克服するとか、やりたくないこともがんばるとか、そういう生き方をしてきたように思うけど、子どもは好きなことや得意なことで人生を選択している。その姿はすごく生き生きしているように見えて、なんで私はそういう人生を歩めなかったんだろう？とも思う。とても勉強になりました。

さくら　ラスカルさんすごい。

ラスカル　すごくないですよ（笑）だってあの人たち本当に好きなことしかしないもん（笑）でもそれでも人生歩んでいけるんだ～ってね。

フェルマータ　私も時々思うよ。「あんたらはええな～」って（笑）

Nami　私はそこまでしっかり見ていなかったかもしれないけど、同じ感じ。自分はそこそこ人並でいいと思っていたし、子どもに対しても「苦手なことをサポートしないと」と思っていたから、好きなことを伸ばそうという発想はなく、そちらに目を向けてはいなかった。でも、今、彼らは本当に好きなことを続けていて（笑）それが仕事になっている。だから好きなことにもっと目を向けてあげていたらなぁとも思う。

マーガレット　私も親と子どもの人格は別だということを教えてもらって。なるほどなと実感しています。それまでは、無意識に娘をコントロールしようというのがあったけど、「私は私で好きなことをするから、あなたはあなたで好きなことをしたらいい」っていう感じになった。

フェルマータ　なるほどね…子離れでいうと、一人っ子だと難しいこともあるよね…。小梅さんは一人っ子だけどどう？

小梅　子どものほうがそれは感じると思うから、外に向くように意識していたかな。あと、親がこうだろうなと思うことはまず思っていないから（笑）どう思っているの？と聞くことは増えたな。

さくら　聞くようになったというよりは、聞かざるを得ないという感じですよね（笑）

フェルマータ　わからんもんね（笑）

みんな　わからん～！！！！

かむな　小梅さんと同じようにほんとわからんですよ（笑）うちも息子は小さい頃からあまりにも私と違いすぎて何を考えているのか理解できない感じがありました。でも不登校になるまでは、私の価値観を押し付けてて。だんだんそれではどうしようもなくなって、「○○くんは、どうお考えですか？」って聞きましたよ（笑）

フェルマータ　つかぬことをお聞きしますが～ってね（笑）

かむな　子どもから教えてもらうこともたくさんありますよね。私は子どもが不登校になるまではこうしないといけないと周りに気を遣っている部分がたくさんあって。でも今は学校はなんで行くの？　とか、家族はなんでいるの？　とか、それに対して私はどう考えているんだろうということをシンプルに考えるようになりました。大切なことさえ守れていれば、それ以外は大丈夫という感じに生き方が変わりました。

フェルマータ　余分なものを削ぎ落として楽になった感じですね。

Coco　私も大きく変わったかも。小さい頃は親の前でいい子でいて、結婚してからもいい嫁でいないといけないって、ずっと自分で縛っていたものがあった。でも子どもが不登校になったことで学校に疑問を持つようになって、それからそんなに縛られなくてもいいかと思うようになったかな。それまでは『しっかりしなさい』と言われ続けてきて、自分でもそう思っていたし、それを子どもにも課していた。今は「そんなにがんばらなくていいよ」と子どもにも自分にも言えるようになっています。

フェルマータ　私でいうと、それまでたいていのことは「がんばればなんとかなる」と思っていたんですけど、子どもの不登校で「がんばってもがんばってもどうにもならないことがある」というのを思い知らされた。それまではわりと人目も気にするほうだったけど、それも子どもが不登校になるともう最悪で、そうなると「もうええやん、どう思われても」ってなりました（笑）そして経験上、批判的なことを言う人ではなく、親切な人のほうが助けてくれるというのがわかったから、批判してくる人はもう関係ないわと思って、それは楽になったかなぁ。

さくら　私は今振り返ると、「覚悟を決める」という気持ちが足りなかったかなと思う。「覚悟を決める」というのは、その人の生きる力を信じて腹をくくる、いちいち動じないってことだと思う。でもそれが難しくて「ああなったらどうしよう」「こうしたらどうしよう」と考えて、「そうならないように今こうしておこう」と思っていた。でもあれこれ勝手に思い悩むのではなくて、私は私で覚悟を決めてできること、やるべきことをすればいいのだし、子どもも自分で進んでいくんだと思う。

小梅　「あと3年で大丈夫です」とか言ってくれたらいいけど、先が見えないからね。うちはね、子どもに「どうやったら満足なの？」って言われた。それで、もう何も言ったらあかんって思った。言わなくても、子どもは親が求めている何かを感じている。だからこれ以上はもうなしって思ったね。

かむな　私は覚悟が決まった時があったかも。それは子どもに「死にたい」って言われたときだった。それを聞いてから「生きていたらラッキー」って思うようになったかな。

さくら　子どもがどうなるかわからない状況まで追い詰められた人は、そこでいろいろ気づいたって声も聞きますよね。

Nami　うちはね、行動療法じゃないけど、学校の前まで行って校門にタッチして帰ろうっていう試みをやってみたのだけど、そのとき、そのタッチもできなくて「学校へ行けない、もう僕の人生終わりや」って言って泣いたのね。その姿を見たら、「そこまでして学校へ行かなくていい」と思うようになったんです。なんで学校に行けないくらいのことで、小学校2年生の子が「人生終わりだ」なんて思わないといけないんだって。そこまで思いつめさせてしまっているという罪悪感もあって、それで自分が変わりましたよ。

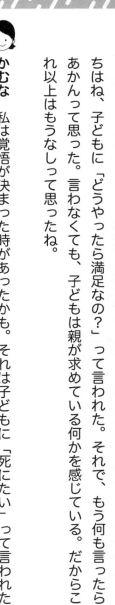

♪あんだんて♪の皆さんは20年という長い年月、不登校と向き合ってきたと思います。時代や環境が変わっていっても、親御さんたちに伝えられることは何でしょうか？

マーガレット　一人で悩まないでっていうことですかね。たった一言「うちの子不登校してる」って外に言うことができれば、「こんなイベントってあるよ」って情報がもらえたり「うちも同じだよ」って声をかけられて親の輪が広がったり。ずっと黙っていたらわからないままになってしまうので、やっぱり一人で悩まないことが大事かなと思います。

小梅　私もマーガレットさんと同じようだけど、「一人じゃないよ、みんな不安だよ」って言ってあげたい。私は最初、フェルマータさんに「子どもは怠けでしょうか？」って聞いたんです。そしたら「絶対怠けじゃない」って言ってくれたんですよね。それが今でも印象に残っていて、断言してくれたからこそほっとできた。今から思うとよかったこともたくさんあると思っています。

さくら　「子どもはいつ動くのでしょう?」とよく聞かれますが、子どもは子ども自身のタイミングで動くというのが実感です。それをそばで見ているのはしんどい。でもそれは、

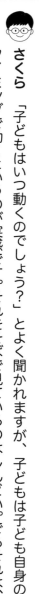

いわば親として生きていく上での修行のようなもので、周りの人に支えてもらいながら、私自身も少し成長できたかなと思います。「親として子どもの成長を願うこと」を子育てと考えれば、生きている限りいつまでも続くもので、子どもの不登校も通過点のひとつだったなと、今は感じています。

Nami　私の場合は、子どもたち2人ともが不登校だったので、自分の育て方のせいだと自分を責めていた時期が長かったけれど、今好きなことを仕事にしている子どもたちを見ていて、小さい頃からもっと広い視野で見てあげるといいのではないかと思っています。

かむな　相談できる場所があるって思えることも大事ですね。私の場合はそれが♪あんだんて♪でした。その経験から伝えたいのは「どこかとつながっていれば大丈夫」ということ。今この本を手にとって読んでくださっているのであればその時点で大丈夫。読者の方とはここで出会えたので、何かあれば♪あんだんて♪といつでもつながってほしいと思います。

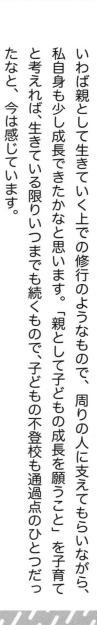

フェルマータ　ほんとにつながれるのが大事ですね。私は子育てに失敗なんてないと思っています。親の思う通りになることが成功とは限らないし、それなら失敗もないなと。

さくら　それにそのときはそのときで一生懸命考えて、子どものためと思ってやっているんだからね。

フェルマータ　そうよね、本当に一生懸命やっている。

Coco　私も親御さんは本当にがんばっていると思う。それは当たり前って思われるかもしれないけど、そうではない。だからきちんと「よくがんばったね」と親御さんに伝えたい。そうすると、わが子のがんばりも認められるようになって、肩の力が抜けるのかなと思います。

フェルマータ　親御さんもね、いろいろやってみて、相談にも行って、それでもまだ学校へ行けないってなると努力が足りないって思っていたりするよね。私は、そんな親御さんに「必要なことは充分やっていらっしゃいますよ」って伝えています。

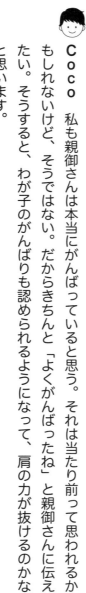

さくら　本当に、♪あんだんて♪で出会う親御さんたちは、がんばっていらっしゃいますよね。思えば私も自分なりにがんばってきたなあって、今日、自分で自分をちょっとほめたい気持ちになりました。大人になるとどうしても世界を狭めてしまうけど、ちょっと踏み出すことで世界って広がっていきますよね。♪あんだんて♪のメンバーが今ここに集まっているのは、それぞれが子どもの不登校を経験して一歩踏み出したということ。そのちょっとした一歩がこの20年につながったかなって思っています。子どもの不登校を経験してつらいこともたくさんあったけど、お互いに支えあって、ここまでやってこられたなあって、今日、みんなの話を聴いてあらためて思いました。奇跡のような出会いに感謝しています。ありがとうございました。

あとがき

子どもが不登校になったとき、「なぜ行けないのか？」「どうしたらいい？」と親は不安と焦りでいっぱいになり、手当たり次第に本を読んだり講演を聞きに行ったりするのは、今も20年前の私たちも変わりません。まして今は、インターネットの中で溢れるほどの情報があるので、混乱してしまうのも無理ないことと思います。♪あんだんて♪スタッフの私たちも子どもとの関わりに悩み、真っ暗なトンネルの中で立ち往生することもしばしばでした。しかし、♪あんだんて♪の仲間がいたから乗り切れたのです。だから子どもが不登校になったら、「勇気を出してつながってください」と声を大にして言いたいのです。それは私自身が、悲嘆にくれる親御さんたちが笑顔に変わっていく道のりを、素晴らしい仲間と共に寄り添ってきたことで成長できたからです。それもこれも、子どもが不登校を「してくれた」ご縁と思うと、胸に熱いものがこみ上げてきます。子育てに成功や失敗はありません。♪あんだんて♪に集う人同士の温かいつながりが広がっていけば、どの子も素敵な大人に成長していくと実感しています。そして、この本には、♪あんだんて♪の親の会で語られた多くの「あるある」とみんなで分かち合った涙と喜びがつまっています。ぜひ読者のみなさんとも「あるある」を共有したいと思います。

最後になりましたが、全国に親の会がある中で20年間の集大成ともいえる本を発行できたのは最高に幸せです。この企画をご提案くださった学びリンク社長山口教雄様と不慣れな私どもの執筆を励まし編集してくださった渡辺美紗希様、重いテーマを軽快なイラストにしてくださった南如子様に心より感謝申し上げます。（代表 フェルマータ）

ある日突然降りかかってきたわが子の不登校。何が起こっているかわからず、戸惑って、落ち込んで、途方に暮れていたときに出会った親の会で、「大丈夫、なんとかなるよ」と一言。ホントかなと思ったけれど、多くの人に支えられ、気がつけばなんとかなっていました。子どもを見守ることも、寄り添うことも私には難しかったけれど、共に暮らしていればなんとかなる。だから私も伝えたいのです。「大丈夫、なんとかなるよ」（副代表 さくら）

20年前、子どもの将来がどうなるのかの不安で、不安でいっぱいでした。♪あんだんて♪の活動に参加する中で自分の気持ちが「我が家流」「マイペース」等、だんだん、ありのままでいいと感じられるようになりました。・・・我も子も 育ての旅は 永遠に・・・「子どもが不登校にならなかったら出会えなかった私たち」支えてもらって、今があることに感謝しつつ、この本が、たくさんの方に届くことを期待して。（マーガレット）

不登校を経験した子どもも今は社会人となりました。時々、「どうやって立ち直ったのですか」と聞かれることがありますが、そんな大層なものはなく、ただ不登校の子どもとの日々の暮らしをどうにかやり過ごしてきただけのように思います。その中で、「なんとかなるもんだな」ということを知りました。もちろんそこには多くの人の支えがあったから。私を見守ってくださった方々に心より感謝いたします。この本を読んだ方が、「うちもなんとかなるかも」と思ってくださったらいいなと願っています。（ラスカル）

子どもが不登校になった時に♪あんだんて♪が発足して、親の会で話を聞いてもらい安心と気付きをたくさんいただき、スタッフとして仲間入りさせてもらいました。もう20年が経つのですね。何度か事務所も移転したり、今のネット環境の変化についていけず勉強会をしたり、「出来る人が出来る事を」で続いている私の大切な居場所です。この本を手にとってくださった方が、子どもさんを認めて過ごせる手助けになれれば幸いです。（小梅）

この本に書かれているのは、まさに私自身が経験したことや見聞きしてきた事実で、忘れかけていた過去の自分の感情が改めて思い出されます。子育ても、ましてや不登校も初めての体験で、しんどいことも多かったですが、不登校でなければできなかった経験も気づきも多く、大切な仲間にも恵まれ、今となっては自分が成長できた楽しくかけがえのない時間だと思えます。子育ての時期は長い人生の中ではほんの短い期間です。この本が少しでも、不安を和らげ、親子でゆったり過ごせるお役に立てますように。（Ｎａｍｉ）

どんな気持ち？　どう思ってるの？　気持ちを聴くことに慣れていなかった自分が♪あんだんて♪で、気持ちを尊重すること、その大事さにいっぱいふれました。「こころをまもる」ために、学校へ行かないということは必要でした。それを身をもって教えてくれた我が子に、そして出会えた、かけがえのないこの仲間に感謝するばかりです。子育てに不安や心配の気持ちを抱えた方に届いてほしいと切に願います。（Ｃｏｃｏ）

ブレザーを着て玄関の前で「中学に行きたくない」と立ちすくんでいた長男。数年後、自分の道を見つけその玄関を開けて社会人として旅立っていきました。この10数年の間、長男の不登校を皮切りに夫との離婚や次男の不登校など次から次へと大変なことが盛りだくさん。一人では何もできず、打つ手もない。そんな中で、時間に身を任せたり、楽しみを見つけたり、人に支えてもらうことを知りました。「それでも、淡々と日々を暮らす」光が見えずトンネルの中にいる方にこの本が届きますように。（かむな）

みんないろいろありました
不登校あるある

2023年6月4日　初版第1刷発行

著　者　　親子支援ネットワーク♪あんだんて♪

発行者　　山口 教雄

発行所　　学びリンク株式会社

〒102-0076　東京都千代田区五番町10　JBTV五番町ビル2F
電話　03-5226-5256　FAX　03-5226-5257
ホームページ　https://manabilink.co.jp/
ポータルサイト　https://www.stepup-school.net/

印刷・製本　　株式会社　シナノパブリッシングプレス
表紙デザイン　南 如子
本文デザイン　南 如子

ISBN978-4-908555-65-7